우유곽 대학을
빌려 드립니다

일러두기

- 이 책은 2010년 출간된 《우유곽 대학을 빌려 드립니다》의 개정판입니다.
- 이 책에서 나오는 '우유곽'의 올바른 표기는 '우유갑'입니다.
  그러나 지은이의 요청과 고유명사화된 개념으로 이 책에서는 '우유곽'으로 표기합니다.

우유곽 대학을 빌려 드립니다

최영환 지음

당신의 열정을 깨울 세상에서
가장 작은 대학교

21세기북스

여전히 성장하고 있을 당신을 위한 인생 강의

"우유곽 대학"에 오신 것을 환영합니다. 이곳에는 우리를 성장시키고 꿈에 다가갈 구체적인 인생 노하우를 알려 줄 최고의 교수진이 있습니다. 한 사람의 인생을 좇거나 멘토로 삼으면 열성적인 추종자는 될 수 있지만 그 멘토의 한계를 넘기는 쉽지 않습니다. 하지만 여러 사람의 앞서 걸어간 길을 보고 그들의 지혜를 배우면 스스로 길을 개척해 나가는 사람이 될 수 있습니다.

이 책은 10년 동안 많은 사랑을 받았습니다. 여러 기업과 대학, 기관에 초청받았고 무엇보다 세계 곳곳에 있는 우유곽 대학 학생들(a.k.a. 독자)을 만나 그들의 도전과 희망의 발걸음을 볼 수 있던 것은 큰 즐거움이었습니다.

인생을 포기하고 싶을 때 이 책을 읽고 다시 도전하기로 한 학생, 막연하게 꿈만 꾸다가 구체적인 실천법을 찾은 학생, 의미 있게 살아가는 것이 바보 같은 건 아닌지 낙심될 때 희망을 발견한 학생 등 한 명 한 명 독자의 피드백이 저에게는 그 무엇과도 바꿀 수 없는 감격이었습니다. 그리고 그 감격에 힘입어 개정판을 내놓습니다.

책을 내고 가장 많이 받은 질문은 '수십 명의 우유곽 대학 교수 중 어떤 분과의 만남이 가장 좋았느냐?'입니다. 모두 소중한 시간을 내어 값진 말씀을 해 주셨기에 선뜻 대답하기가 쉽지 않습니다. 하지만 시간이 흘러도 여전히 제 삶에 영감을 주는 분이 있습니다. 이번 개정판에는 그런 교수님 열다섯 분을 추렸습니다. 시대에 맞게 학과도 개편하고 내용을 보완하였습니다.

'어디로 가야 할지', '어떤 사람이 되어야 할지', '무엇을 해야 할지'를 스스로 질문할 때 우리는 성장할 수 있습니다. 우유곽 대학과 그 안에서의 배움은, 수많은 질문을 통해 스스로 성장하는 여정과 다짐에 힘을 실어 줄 것입니다. 이 책을 통해 여러분이 자신을 발견하고, 자신의 가치를 인정하며 삶을 더 나은 방향으로 이끌기를 원합니다.

이 책이 진심으로 당신 삶의 동반자가 되기를 바랍니다.

2023년 7월

최영환

오늘보다 나은 내일을 위한 대학

먼저 우유곽 대학의 학생이 되신 것을 진심으로 축하드립니다. 이 책을 읽는 순간 여러분은 모두 자신의 꿈을 실현시킬 우유곽 대학의 학생으로 초대되셨습니다. 이름부터 독특한 우유곽 대학이 설립된 이유는 명확합니다.

"오늘보다 나은 내일을 꿈꾸는 사람들의 꿈을 현실화시킬 최고의 교수진으로 대학을 만들자."

지금 이 책을 읽고 있는 분의 마음속에 꿈이 있다면 우유곽 대학에 정말 잘 오신 겁니다. 이 책에는 당신의 꿈을 실현할 명강의들이 준비되어 있습니다. 혹 빠듯한 현실에 꿈을 접어 두신 분이 계시다면 더욱 잘 오셨습니다. 이 대학은 접은 꿈마저 활짝 펼칠 수 있도록 최고의 교수진으로 이뤄져 있기 때문입니다.

이 책을 처음 기획한 것은 5년 전입니다. 자료 조사에 1년, 토의와 수정 작업에 1년, 국내 인터뷰를 하는 데 6개월, 해외 인터뷰를 하는 데 4개월이 걸렸습니다. 그 결과, 이 책을 만들 수 있었습니다. 최고의 교수진을 섭외하려고 국내뿐만 아니라 미국을 횡단하고, 교수님 한 분을 만나려고 프랑스 파리에서 아프리카까지 가기도 했습니다. 만나려고 했지만 만나지 못하고 무거운 발을 이끌고 돌아온 적도 있었습니다. 하지만 교수님 한 분 한 분을 만날 때마다 제 가슴이 얼마나 요동쳤는지 모릅니다. 그분들의 이야기를 들을 때마다 제가 마치 그분들이 된 듯했고, 인생 노하우를 전수해 주실 때마다 귀중한 보물을 얻은 것처럼 신이 났습니다.

그분들을 만나게 된 이야기들만 모아도 책 한 권 분량이 나올 법하지만 이 우유곽 대학은 그러한 무용담이 아닌, 교수님들의 강의 내용을 중심으로 구성되어 있습니다. 각 교수님 고유의 느낌이 그대로 전달될 수 있도록, 일정한 틀을 정해서 그것에 맞게 편집하기보다는 분량과 분류에 상관없이 편집을 최소화했습니다. 그래서 그분들이 쓰시는 특정한 용어는 문법에 상관없이 그대로 살려 두었습니다.

우유곽 대학의 모든 교수님은 아무 조건 없이 오직 대한민국 사람들의 가슴을 뛰게 하려는 목적으로 저를 만나 주셨습니다. 그리고 열과 성의를 다해 자신들의 열정과 노하우를 전수해 주셨습니다. 그러므로 독자분들께 부탁 드립니다. 그분들의 수고가 헛되지 않도록 이 책을 소중히 여겨 주십시오. 교수님들의 말 한마디에 귀 기울여주시고 그분들의 조언을 듣고 꼭 실천하시기를 바랍니다.

교수님들을 한 분 한 분 만날 때마다 느꼈던 감동이 이 책을 읽는 모든 우유곽 대학 학생의 가슴을 뛰게 하기를 진심으로 바랍니다.

우유곽 대학 총장
최영환

차례

개정판 서문 여전히 성장하고 있을 당신을 위한 인생 강의   4

프롤로그 오늘보다 나은 내일을 위한 대학   7

PART 1 멘탈관리학과 ──────────

나를 지지하는 것이 성공의 지름길이다 | 진수 테리(편경영 컨설턴트)   15

나를 가장 사랑해 줄 사람 만들기 | 오제은(숭실대학교 교수)   31

하루 10초, 인생을 바꾸는 아침 만들기 | 조엘 오스틴(목사)   45

PART 2 자기계발학과 ──────────

인생을 바꾸는 습관의 힘 | 이희돈(세계무역센터협회 부총재)   57

가난해지는 선택을 그만둬라 | 김석봉(석봉토스트 대표)   70

화장실 가는 5분 동안 인생 대학 다니기 | 장형태(대한종묘조경 대표)   82

피할 수 없는 위기를 즐기는 방법 | 이채욱(인천국제공항공사 대표)   91

PART 3 커뮤니케이션학과

상위 0.1%만 아는 스피치 노하우

| TJ 워커(Media Training Worldwide CEO)   107

나를 성장시킬 인맥 만들기 | 양광모(휴먼네트워크연구소 소장)   137

가장 가까운 사람에게 답이 있다 | 안성기(영화배우)   151

PART 4 글로벌무대학과

하루에 다섯 단어, 외국어가 들린다 | 조셉 리(미국정부기관 연구원)   163

진정성의 힘 | 신호범(미국 워싱턴주 상원의원)   175

PART 5 리더십학과

사람 살리는 유머력 | 최규상(유머발전소 소장)   193

대체할 수 없는 인재만이 리더가 된다 | 홍은표(OECD 종신연구원)   207

정직 하나로 재벌이 된 샐러리맨 | 윤윤수(휠라코리아 대표)   221

에필로그 함께 꿈꾸면 이뤄지는 일   231

제가 대학을 세우려고 했을 때 "과연 이 시대 젊은이들에게 필요한 수업은 무엇인가?"라는 고민을 가장 많이 했습니다. 해답은 의외로 간단히 나왔습니다. 군에서 500명 넘는 20대와 상담하며 직면한 가장 큰 결핍은 멘탈 문제였습니다. 청년 시기는 많은 변화와 도전을 경험하는 인생의 중요한 단계입니다. 그렇기에 더욱 스트레스, 압박감, 불안, 우울 등에 쉽게 노출되죠. 불안하니 자기의 기준을 세우기보다 세상이 정해 놓은 정답 같은 삶에 자신을 끼워서 맞추기 바쁩니다.

혹시 공감이 되시나요? 그렇다면 멘탈관리학과에서는 삶의 의미와 행복을 추구할 수 있는 키 포인트 3종 세트를 제안합니다. 그건 바로 자기 신뢰, 공감, 긍정적인 마인드셋입니다. 자. 그럼, 우리의 유리 같은 멘탈을 제대로 부여잡는 법을 전수할 최고 교수진을 소개합니다.

PART 1

멘탈관리학과

나를 지지하는 것이
성공의 지름길이다

진수 테리
편경영 컨설턴트

"많은 사람이 성공을 바라죠.
하지만 번호 네 개를 맞춰야 열리는 성공 열쇠에 세 개만 맞추고
마지막 하나를 남겨 둔 채 포기합니다."

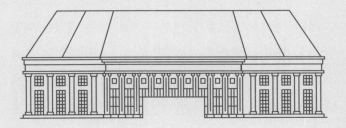

최영환: 우유곽 대학 첫 번째 수업 '나를 지지하는 것이 성공의 지름길이다'를 강의해줄 교수님은 진수 테리Jinsoo Terry입니다.

'미국을 대표하는 100인의 여성 기업인', 'ABC 방송이 선정한 10인의 아시아인', '전미연설가협회 최초의 한국인' 등 어마어마한 경력을 가진 진수 테리 교수님은 한국인 특유 영어 악센트를 오히려 무기로 삼는 대담한 여성입니다. 동시에 빨간 두건을 쓰고 랩을 하며 젊은이들과 거리낌 없이 어울리는 재미있는 아줌마이기도 하죠. 그녀의 넘치는 활력에 미국 사람도 감동했는지 샌프란시스코

시에서는 매년 7월 10일을 '진수 테리의 날'로 정해 기념하고 있다고 합니다.

이 정도 화려한 이력을 가진 사람이라면 태생부터 자부심을 가질 만해 보입니다. 그러나 진수 테리 교수님의 끝없는 자신감은 결코 화려한 이력에서 나온 것이 아닙니다. 오히려 자신감이 지금의 그녀를 있게 했다고 해도 과언이 아닙니다. 서른이 넘은 나이에 미국으로 건너가 높은 문화적 장벽에 부딪히며 좌절하던 동양 여자, 스스로 낙오자라 자처하던 그녀가 지금처럼 멋진 여성으로 거듭난 것은 순전히 자신감 덕분입니다.

진수 테리 교수님의 자신감은 어디에서 비롯되었을까요? 그리고 왜 많은 사람이 그녀에게 열광할까요? 사고의 전환이 인생을 역전시켰다는 진수 테리 교수님에게서 자신감의 진수眞髓를 배워 봅시다.

진수 테리: 저는 전 세계를 통틀어서 자기 자신을 믿고 확신하는 법을 가장 잘 강의하는 사람입니다. 왜냐하면 저는

나를 지지하는 것이 성공의 지름길이다

한때 저 자신을 아주 낮게 보던 사람이었고 자신감이 결핍되었던 사람이었지만, 지금은 세상에서 가장 자신감 넘치는 사람이기 때문이죠. 제가 이렇게 변화된 데에는 구체적인 방법이 있습니다. 그리고 저는 이 방법을 우유곽 대학 학생에게 전수하고 싶습니다.

말랑말랑해지기

제가 늦은 나이로 미국 땅에 와서 처음 느낀 것은 '차별'이었습니다. "내가 백인이고 금발이었으면 이러한 차별을 받았을까."라는 생각에 매사에 기운이 떨어졌고 나 자신을 낮게 보기 시작했죠. 사람은 그럴 때 핑곗거리를 찾으려고 합니다. 저도 마찬가지였어요. "나 자신을 더 계발 안 해도 된다. 계발해도 소용없다."라며 스스로 연민을 느끼고 세상 탓만 했어요. "인종 차별과 학력 차별이 있는 불평등한 세상. 게다가 나는 사회적으로 불리한 여자이기까지 하다."라고 말입니다.

미국에서 죽기 살기로 열심히 일했는데 어느 날 해고를 당했어요. 부사장에게 내가 왜 해고되었느냐고 따지니까 "넌 재미가 없다."라는 답변이 돌아왔어요. 그게 놀랍고 충격이었어요. 회사가 한창 바쁜데 왜 재미가 있어야 하는가. 이해되지 않았죠.

그 당시 저는 학위가 있으면 차별을 덜 받을 것이라 생각하고 캘리포니아에서 MBA를 다녔어요. 그런데 그 부사장이 이렇게 이야기하더군요. "너한테 필요한 것은 학위가 아니다. 커뮤니케이션이다." 저는 태어나서 그런 이야기를 처음 들어 봤어요. 생소한 커뮤니케이션 개념에 한국으로 다시 돌아가야 하나 고민했습니다.

많은 사람이 성공을 바라죠. 하지만 번호 네 개를 맞춰야 열리는 성공 열쇠에 세 개만 맞추고 마지막 하나를 남겨 둔 채 포기합니다. 저는 끝까지 맞춰 보기로 했습니다. 커뮤니케이션을 잘하려고 스피치 클럽에 들어가서 스피치를 시작했어요. 그전까지 인생을 "네가 바뀌어야 한다."라는 자세로 살았다면 그때부터는 "내가 바뀌어야 한다."라

나를 지지하는 것이 성공의 지름길이다

는 자세로 바뀌었죠. 차별이 심한 미국 사회에 불평불만을 가지는 것이 아니라, 그 나라의 문화를 배우고 그 나라의 언어를 배우기 시작했습니다.

"내가 그 사람들에게 이해되길 바라는 것이 아니라 내가 그 사람들을 이해해야겠다. 그러려면 내가 바뀌어야 한다. 어떻게? 나 자신의 표정이 바뀌어야 하고, 에너지가 있어야 하고, 사람들이 좋아할 수 있는 매력 있는 사람이 되어야겠다. 매력 있는 사람이 되자!" 그리고 연습을 시작했습니다. 누구에게나 인정받고 누구나 같이 일하고 싶은 사람이 되도록 말이에요. 그러면서 개발한 논리가 '펀Fun 경영'입니다. '펀 경영'은 누구든지 받아들일 수 있도록 내가 말랑말랑해지는 논리입니다.

사과를 깎는 방법은 한 가지가 아니다

어느 날 중국계인 에이미라는 직원이 사과를 깎는데 이상하게 깎는 거예요. 그래서 제가 한마디 했죠. 잘 못 알아

듣기에 내가 너에게 한국식으로 예쁘게 깎는 법을 보여줄 테니 잘 봐 두라는 식으로 시범을 보여줬어요. 그런데 에이미가 중국에서는 그렇게 안 깎는다고 불평하더군요. 그때 옆에 있던 미국인 메리에게 사과를 어떻게 깎는 것이 옳은지 판단해 달라고 했어요. 메리가 가만히 보더니 한마디 하더군요. "너희는 왜 멀쩡한 사과 껍질을 벗기는 거야? 사과는 껍질째 그냥 먹는 거야."

저한테는 그날 그 사건이 큰 충격이었습니다. 저는 항상 제 방법이 옳다고 생각했어요. 부하들이 실수를 하면 "내가 뭐라 그랬어? 내가 안 된다고 했지?"라고 말했죠. 저는 그날부터 모든 사람의 아이디어를 받아들이고 그 사람들의 관점으로 한 번 더 생각하기로 결심했습니다. 실리콘밸리의 유명한 기업들은 모든 아이디어를 받아들인다고 하죠. 그리고 그 아이디어에 대해 여섯 번씩 검토한다고 합니다. 남의 아이디어를 존중하는 만큼 개인과 회사는 발전하게 됩니다.

'예스'라고 말할 때 기회가 온다

저는 예전에 흑인에 대한 선입견이 있었습니다. 그런데 샌프란시스코주에서 미국 흑인에게 좋은 강의를 해 달라는 부탁이 들어왔어요. 처음엔 '노'라고 했어요. 잘할 자신이 없었거든요. 그러나 계속 해 달라는 부탁에 '예스'라고 하게 되었어요. 여기서 중요한 것은 인생에서 '예스'라고 말할 때 기회가 온다는 것입니다. 흑인 청소년에게 꿈을 심어 달라고 하는데 이 사람들에게 어떤 이야기를 해야 할까. 그때 저는 사과 사건을 생각했습니다. 그리고 흑인 목사님이 하시는 스피치를 모아서 듣기 시작했어요. 특징이 있더군요. 일단 문장이 짧고 매우 리드미컬했습니다. 그때 아이디어가 떠올랐어요. "미국에 이민 와서 실패를 이겨내고 성공한 이야기를 랩으로 하자."

그래서 미국의 유명 래퍼를 찾아갔어요. 그 친구가 고개를 갸우뚱하더니 이런 경우는 처음이라 이야기하더군요. "그래, 처음이니까 한번 해 보자."라고 설득하고 열심히 랩을 배웠습니다. 처음엔 정말 서먹하고 어려웠어요. 그런데 놀라운 것은 그러면서 흑인들을 이해하기 시작했다는 것입니다. 정말 솔직하고 정이 많은 사람이라는 걸 알게 되었어요. 그때 저는 많은 것을 배웠습니다.

지금 랩 노래 10곡을 만들었고, 미국의 대형 레코드사에서 음반 제의가 들어왔어요. 음악 전문가도 아닌 제 노래를 왜 음반으로 내려고 하느냐고 물어보니 이런 랩은 처음 들어 본다고 하더군요.

파도를 두려워할 것인가 즐길 것인가

바닷가에서 파도가 칠 때 파도를 두려워할 것인가, 아니면 즐길 것인가. 다시 말하면 어려움이 닥쳤을 때 낙담하고 실패를 두려워할 것인가, 아니면 즐길 것인가. 저는 실패를 즐기기로 작정했어요. 실패가 굉장히 중요해요. 실패하지 않으면 성공할 수가 없으니까요. 실패했을 때 실패를 어떻게 받아들이느냐가 성공의 관건입니다.

저는 코뿔소가 되는 재미있는 상상을 자주 합니다. 코뿔소는 눈이 나쁘다고 해요. 그러다 보니 주위에 있는 어려움이 보이지 않고, 계속 앞으로 돌진할 수 있는 거죠. 가끔 한국에 들어오면 누군가 자살했다는 이야기를 자주 듣습니다. 한국 사람들은 쉽게 포기하는 경향이 있는 것 같아요. 물론 열심히 일하지만, 꺾일 때 쉽게 꺾이는 것이 문제입니다.

살아가면서 어려움이라는 것은 큰 성공을 위한 도전이에요. 성공한 사람들은 보통 일곱 번 실패한다고 해요. 제 동생이 사업에 세 번 실패했을 때 인생의 밑바닥을 경험했어요. 그때 제가 성공하려면 일곱 번 실패한다고 이야기했더니 "진짜냐?"라고 물어보더군요. 누나인 내가 동생에게 거짓말을 하겠느냐면서 구체적인 데이터까지 보여 줬어요. 동생이 그것을 보고 힘을 내어 다시 도전했는데 네 번째 도전에 드디어 사업에 성공했습니다.

지금 여러분 앞의 파도는 무엇인가요? 그 파도는 여러분을 덮어 버리는 파도가 아닌, 여러분을 더 높은 곳으로 올려 주는 파도임을 명심하세요. 자신에 대한 확신이 없는 사람은 자신에 대한 확신과 신념을 가지는 과정에서 많은 어려움에 맞닥뜨리게 됩니다. 이때 자신을 끝까지 믿을 수 있는 구체적인 방법 다섯 가지가 있습니다. 이 다섯 가지를 꼭 실천하세요.

첫째, 아침마다 거울을 보고 외쳐라. 아침에 일어나 거울을 보면서 "나는 할 수 있다. I can do it!"이라고 외치는 것이 가장 중요합니다. 다른 사람이 들을 필요 없어요. 자기 스스로에게 외치는 것입니다. 힘든 일이 있을 때마다 끝까지 자기 자신에게 외치세요.

"I can do it. I am a winner!"

이것은 정말 중요합니다. 남들이 미쳤다고 해도 이렇게 해야 합니다. 이러면 세상이 달라집니다. 주위 환경이 달라져요. 무엇보다 자기 자신이 달라집니다. 이렇게 구체적이고 쉬운 방법은 없습니다. 아침마다 외치세요. 아니 수시로 외치세요. 당신은 무엇이든지 할 수 있다고!

나를 지지하는 것이 성공의 지름길이다

둘째, 석세스 팀Success Team을 구성하라. 주위 사람들과 뭉쳐서 팀을 구성하세요. 어떤 팀이냐면 바로 자기 자신을 격려해 줄 수 있는 팀입니다. 아침마다 "난 할 수 있어."라고 스스로에게 외친다면, 이 팀과는 매주 혹은 매달 만나서 서로에게 "넌 할 수 있어.", "넌 잘하고 있어."라고 외쳐 주는 것입니다. 단순하지만 이 힘은 실제로 매우 큽니다. 망설이지 말고 경험해 보세요.

셋째, 자신의 내부를 꽉 채우는 물건들을 주위에 둬라. 자기 자신의 내부를 꽉 채울 수 있는 것들을 주위에 두는 것이 필요합니다. 이것은 책이나 강의 동영상 등이 될 수 있어요. 자신을 긍정적 마인드로 바꿔 주는 모든 것을 즐기세요. 듣기만 해도 도전이 되고 가슴이 뛰는 것은 꼭 소장해서 곁에 두길 바랍니다.

넷째, 스몰 보이스Small Voice를 없애라. 저에겐 예전에 스몰 보이스가 있었어요. "너 왜 그랬어?", "넌 안 돼." 등 우리 모두에게는 스몰 보이스가 있습니다. 이 스몰 보이스는 언제든지 들릴 수 있어요. 중요한 것은 스몰 보이스에 집중하지 않는 것입니다. 집중하고 크게 생각하면 그때부터 평정을 잃는 거예요. 앞으로 이런 소리는 무시하세요. 그 대신 모든 것에 확신을 가지세요.

그래도 스몰 보이스가 계속해서 자신을 괴롭힌다면 괜찮은 처방전이 있습니다. 스몰 보이스는 부정적인 언어거든요. 이 부정적인 언어를 백지 왼편에 쓰세요. 그리고 백지 오른편에 그것을 긍정적으로 바꾸세요. "부모 탓이다. 친구 탓이다. 사회 탓이다."라는 문장을 "그 누구의 탓도 아니다."라고, "나는 연애에 실패했다."라는 문장을 "아! 나는 연애할 기회가 생겼다."라고, "나는 해고됐다."라는 문장을 "와, 나에게 새로운 기회가 생겼다"라고, "짜증 나게 차가 밀린다."라는 문장을 "나에게 생각할 시간이 주어졌다."라고요.

스몰 보이스를 기록하고 바꾸는 연습을 한 달만 해도 습관이 몸에 배고 어떠한 언어가 문제인지 스스로 알게 됩니다. 자기 행동이 그 잘못된 언어에 근거해서 나오거든요. 참고로 저는 'but'이나 'hate' 등 부정적인 언어를 절대

나를 지지하는 것이 성공의 지름길이다

쓰지 않습니다. 오히려 'challenge'라는 단어를 즐겨 쓰죠. 저만의 비법이랍니다.

다섯째, 스피치를 연습하라. 스피치 연습은 자신감을 키우는 최고의 방법입니다. 자신에 대한 의심을 제거하는 탁월한 방법이에요. 자신을 믿을수록 스피치를 잘하게 되거든요. 그리고 남들에게 노출되는 만큼 자신의 장점이 무엇인지 잘 알 수 있습니다. 물론 단점도 알게 되죠. 하지만 그 단점은 곧 자신의 강점이 됩니다. "나 진수 테리는 영어도 유창하지 않고 눈도 작고 키도 작다." 이러한 단점이 이렇게 바뀌는 것입니다. "나 진수 테리는 아주 독창적인 외모와 함께 그 누구도 흉내 못 내는 아시아 악센트 영어로 강의하는 세계적인 연사다." 그 누구도 가질 수 없는 독특함을 저는 가지고 있습니다.

마지막으로 진짜 중요한 방법은 표정을 바꾸는 것입니다. 표정을 바꾸는 것은 아무리 강조해도 지나치지 않습니다. 한국에 와서 보면 우리 젊은이들은 표정이 너무 딱딱해요. 여러 감정이 나타나는 표정을 만들어야 합니다. 그러

려면 감탄사를 연발하세요. 조그마한 일에도 "우와!"라고
표현하는 거예요. 자신의 속내를 감추는 것이 한국에서
말하는 겸손이 아니잖아요. 표정이 부족하면 표현력이 부
족해집니다. 그러면 세계 인재들과 어깨를 나란히 할 수
없어요.

놀라운 사실은, 표정만 밝아져도 행운이 우리에게 찾아온
다는 것입니다. 그것을 실제로 경험한 사람이 저예요. 얼
굴에는 수많은 근육이 있으니 이것을 잘 활용하세요. 저
는 가는 곳마다 표정을 바꾸라고 강조합니다. 웃는 모습
을 보이세요. 얼굴이 웃는 표정이 되도록 연습하세요. 펜
같은 것을 입에 물고 거울을 보고 웃는 표정을 연습하면
쉽게 표정을 바꿀 수 있습니다. 펜을 물고 있으면 자연스
럽게 웃는 표정이 되니까요.

당신을 열렬히 지지할 이는 바로 당신이다

이때까지 제가 한 이야기를 살펴보면 알겠지만, 성공은

태도이며 믿는 것입니다. 자신에 대한 믿음은 가만히 있으면 생기는 것이 아니라 먼저 믿는다고 선전포고할 때 생기는 거예요. 부끄럽지만 저는 미국에 와서 첫 10년간은 스스로 차별의 희생자라고 여기며 사회에 분노를 퍼부었어요. 하지만 정작 저를 차별했던 것은 그 누구도 아닌 바로 저 자신이라는 걸 깨달았죠.

제가 스스로 믿고 열렬히 지지하도록 태도를 바꾸니 모든 것이 달라졌습니다. 불행은 불행이라고 말할 때 불행해지고, 실패는 실패라고 언급했을 때 실패가 됩니다. 실패했더라도 그것을 기회로 생각하고 행운이라고 생각하면 실제로 그렇게 뒤바뀝니다. 이 놀라운 사실을 여러분도 꼭 실천하기를 진심으로 응원합니다.

나를 가장
사랑해 줄 사람 만들기

오제은

숭실대학교 교수

"우리의 목표는 자신을 변화시키는 것이 아니라
자신이 누구인지 기억해 내는 데 있습니다.
나는 나인 것이 그냥 좋다. 이것을 기억하시기 바랍니다."

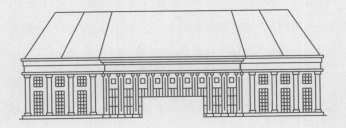

최영환: 진수 테리 교수님의 강의를 듣고 나니 자신감을 가져야겠다는 생각이 들기는 하지만 아직은 먼 이야기 같나요? 그래서 이번에는 심리학적으로 접근해 자신감을 높일 수 있도록 준비해 보았습니다. 자, 이제 두 번째 수업으로 넘어가 봅시다.

그 전에 여러분에게 먼저 한 남자를 소개할까 합니다. 이분은 하버드대학, 토론토대학 등 일류 대학에서 공부한 박사님이며, 아시아인 최초로 국제 공인 '이마고Imago 부부치료전문가CIT' 자격과 미국심리치료협회 '임상 감독Diplomate' 자격을 가진 심리치료사입니다. 한마디로 남부

럽지 않을 만큼 공부한 심리 치료 분야의 엘리트죠. 그리고 또 한 남자를 소개합니다. 대인기피증과 우울증, 극도의 자기 혐오로 자살까지 생각한 남자입니다. 그의 자아는 아버지를 향한 분노로 20년간 뒤틀려 있었습니다.

그런데 놀랍게도 이 둘은 동일 인물로, 우유곽 대학의 두 번째 수업 '나를 가장 사랑해 줄 사람 만들기'를 강의해 주실 오제은 교수님입니다. 뛰어난 엘리트였던 동시에 우울증 환자의 깊은 슬픔을 겪어 보았기에 높은 꿈과 현실 사이에 겪는 괴로움을 누구보다 잘 이해할 수 있는 분은 오제은 교수님이 아닐까 합니다. 그래서 오 교수님께서도 우유곽 대학 학생과의 만남에 흔쾌히 나서 주셨습니다.

멘탈관리학과의 두 번째 수업은 오 교수님의 상처와 과거, 그리고 극복 과정을 가감 없이 들을 기회가 될 것입니다. 교수님께서는 수업에 들어가기 전에 미리 이 질문에 대해 곰곰이 생각해 보았으면 좋겠다고 하시더군요.

"내가 나인 것이 좋습니까?"

오제은: 여러분은 스스로를 얼마만큼 사랑하나요? 남의 기준에 맞춘 자신이 아닌, 있는 그대로의 자신을 진심으로 사랑하고 있나요? 상처 많은 당신에게는 해당 안 되는 말이라고요?

글쎄요, 저는 사실 3년 반 동안이나 자살 충동에 시달렸던 대인기피증 환자였습니다. 사춘기 이후 거의 20년 동안 아버지에 대한 미움과 분노를 품고 살아왔고, 아내와 자녀, 다른 사람들과의 관계 또한 아픔과 상처로 가득했습니다. 그러던 제가 이제는 "내가 나인 것이 그냥 좋다."라고 말할 수 있게 되었습니다. 이제 저는 '나'를 진심으로 사랑합니다. 대한민국의 모든 청년이 자신을 진심으로 사랑하게 되기를 바라는 마음으로 우유곽 대학 학생에게 '자기 사랑'에 대한 강의를 통해 가장 소중한 '나'를 만나러 가는 여행을 함께하고 싶습니다.

공감과 경청, 가장 위대한 힘

저에게도 저 자신을 사랑하지 못하고 야단치며 자학하던 때가 있었습니다. 그때 제 이야기를 '그냥 들어 주신' 선생님 한 분이 있었습니다. 그분은 심리 치료 분야에서 거의 독보적인 존재로 명성을 떨치던 학자였는데, 저는 그분 강의를 듣고자 개별 면담을 신청했습니다. 며칠 동안 면접에서 받을 예상 질문을 점검하며 준비해서 갔는데 그날 교수님은 의외의 질문을 던지셨습니다. "자네 인생에서 가장 힘들고 가슴 아팠던 일이 무엇인지 들려줄 수 있겠나? 삶을 포기하고 싶을 만큼 자네를 힘들게 한, 그런 '밑바닥' 경험 말일세."

저는 개척 교회 목회를 하던 당시 한 교인에게 오해받아 억울하게 멱살을 붙잡힌 초라하고 비참했던 모습이 떠올랐고, 연이어 닥친 가정 불화를 떠올리며 이야기하다 저도 모르게 눈물이 터져 한참을 울다가 정신을 차렸습니다. 이제 이 강의를 듣기는 다 틀렸다고 생각했습니다. 하지만 눈을 들어 교수님 얼굴을 보니 교수님의 눈도 발갛

35

나를 가장 사랑해 줄 사람 만들기

게 물들어 있고 얼굴은 온통 눈물범벅이었습니다. 그리고 그가 말했습니다. "참 힘든 시간을 보냈구나. 그래, 그동안 얼마나 힘들었나? 하지만 그 엄청난 고난으로 하나님께서 자네를 통해 놀라운 일을 이루실 것이 정말 기대되네."

그 순간 저는 뒤통수를 쿵 하고 얻어맞은 것 같은 충격을 받았습니다. 함께 울어 주며 제 이야기를 들어준 그분의 말을 통해 그동안 한 번도 보지 못했던 것을 바라보게 되었습니다. 고통은 곧 치유와 성장의 자리라는 것이었습니다.

이런 일을 겪으며 저는 '듣기'의 위대함을 알게 되었고, 이후 상담할 때마다 자기 이야기를 하기 전에 상대방이 무엇을 생각하고 무엇을 느끼며 무엇을 좋아하고 싫어하는지 상대방의 입장이 되어 보라고 이야기하고 있습니다. 사랑하는 사람에게 가장 좋은 선물은 그 사람의 이야기를 듣는 것입니다. 그 사람의 눈을 바라보는 것입니다. 머리가 아닌 가슴으로 살고, 여러분 모두 곁에 있는 이에게 그런 존재가 되어 주기를 바랍니다.

상처받은 치유자

미국의 어느 공원에서 한 남자가 벤치에 주저앉아 자신의 머리와 얼굴을 쥐어박으며 분노를 표출하는 모습을 보았습니다. 저는 왠지 그냥 지나칠 수 없어 건너편에서 그를 바라보고 있었고, 그런 저를 발견한 그는 대뜸 저에게 욕을 하며 대들었습니다. 저를 무섭게 다그치던 그에게 저는 "나는 그냥 갈 수 없었어. 그리고 나는 너를 모르지만 네 마음을 이해할 수 있어."라고 말했습니다. 한참 동안 정신없이 화를 내던 그는 벤치에 털썩 주저앉았습니다. 그런 그에게 저는 "너의 아픔이 느껴져 마음이 너무 아파서 도저히 그냥 지나칠 수 없었어. 어떻게든 위로해 주고 싶었어."라고 말했고, 우리는 끌어안고 한참을 울었습니다.

그날 이후 우리는 거의 매일 공원에서 만났고, 어느 날 그가 털어놓았습니다. 그날 가장 친한 친구가 자기 아내와 부정을 저지르는 장면을 목격하고 오던 길이었고, 총으로 모두 죽인 후 자신도 자살할 결심을 하고 그 공원에 왔다고 말했습니다. 1년 남짓 시간이 지나고 그는 결국 아내와

이혼했고 어려움을 딛고 평화를 되찾기 시작했습니다. 성탄절 카드에 그는 "내 인생에서 가장 아름다운 일은 그 벤치에서 너를 만난 일이다."라고 써 보냈습니다. 그것은 제게도 가장 소중한 선물이었습니다.

다른 이의 아픔을 나누는 일은 주는 쪽이든 받는 쪽이든 똑같이 치유의 기쁨을 얻습니다. 그리고 진정으로 치유를 받는 쪽은 오히려 그 아픔을 함께 느끼는 사람일지도 모릅니다. 이렇게 우리는 '상처받은 치유자'가 될 수 있습니다.

중독의 원인

현대인은 여러 중독과 함께 살아갑니다. 약물 중독, 일 중독, 알코올 중독, 섹스 중독, 게임 중독, 성형 중독, 인터넷 중독 등등. 중독은 상처에서 비롯됩니다. 치유되지 않은 상처를 끌어안고 살면서 많은 사람이 알코올이나 일로 그것을 잊고자 하는 경우를 봅니다. 또한 사람들은 자신의 불완전함과 결핍을 채워 줄 대상을 찾아 사방을 헤매기도 합니다. 그리고 자신의 행복이 '얼마나 멋진 상대를 만나느냐'에 달려 있다고 믿거나 자신의 불행이 '내가 저런 인간을 만났기 때문이야'라고 생각하는데, 둘 다 자신의 행복을 결정짓는 요인을 다른 사람에게 두고 있다는 공통점이 있습니다. 이것을 치유하려면 내면 깊은 곳에 정체성을 뿌리내리게 해야 합니다.

중요한 것은 내면입니다. 세속적 성취에서 내면의 평화로 초점을 바꾸십시오. 속이 꽉 찬 내면의 평화를 추구하는 것, 이것이 삶에 궁극적인 치유를 가져오는 길입니다.

내 안의 장애물을 제거하라

"당신 마음을 압니다!" 이 한마디를 듣지 못해서 사람은 외로워하고, 과거에 지배받고, 고통에 몸을 떱니다. 심리치료의 목표는 자신을 진심으로 받아들이는 것입니다. 그리고 그것을 이루는 길은 나 자신과 다른 사람을 '용서'하는 데 있습니다. 우리가 할 일은 온 세상에 이미 용서가다 이루어져 있음을 받아들이고 믿는 것뿐입니다. 가슴에 손을 얹고 내가 용서해야 할 대상을 불러 보십시오. 그 사람을 내 존재 깊숙이 받아들여 보십시오. 그 사람은 나와 가장 가까워야 할 가족일 수도 있고 믿었던 친구일 수도 있습니다. 용서함으로써 인생의 장애물을 치우고 비로소 자신을 받아들이게 됩니다.

우리 집은 어릴 때 부유한 편이었지만 제가 중학교 3학년 때 가세가 크게 기울었습니다. 고등학교 1학년 때부터는 가장 밑바닥 생활을 했어요. 하루에 아르바이트를 세 건씩 뛰면서 가졌던 소원은 하루에 밥 한 끼 제대로 먹고 공부하는 것이었죠. 저는 그때부터 아버지를 평생 미워했습니다. 집안이 기울었는데 기독교인이었던 아버지는 혼자 기도원에 다니셨거든요.

그 무책임했던 아버지의 유언은 제가 신학생이 되는 것이었습니다. 그래서 신학교에 갔지만, 10년 동안 전혀 기쁘지 않았습니다. 스스로 원하는 모습이 아니라 아버지 아들 역할을 하고 지냈죠. 저는 오랜 세월 미워했던 아버지를 용서하기로 마음먹었어요. 아버지도 아버지만의 상처가 있었을 테니까요. 그때부터 삶이 달라지기 시작했습니다. 상대방은 그대로이지만 그를 받아들이는 나의 태도가 변하면서 진정한 자유를 맛보게 되는 것입니다.

세상에서 가장 아름다운 것

나는 누구인가? 나는 몇 점짜리인가? 바로 그 대답에 나의 운명이 달려 있습니다. 내가 허락하지 않는 한 누구도 나에게 상처를 줄 수 없습니다. 이러한 사실도 모르는 채 그동안 우리는 사람들의 기대와 잣대에 맞추어 어릿광대처럼 살 때가 많았습니다. 우리는 자신을 어떻게 대하고 있습니까? 우리의 목표는 자신을 변화시키는 것이 아니라 자신이 누구인지 기억해 내는 데 있습니다. 나는 나인 것이 그냥 좋다. 이것을 기억하시기 바랍니다.

지금까지 살아오는 동안 가장 아름다웠던 경험은 무엇입니까? 예쁜 꽃, 붉게 물든 저녁노을, 새벽안개, 감동적인 영화의 한 장면……. 그러나 이 우주에서 가장 아름다운 것은 다른 무엇이 아닌 바로 당신입니다. 자기 자신에게서 진정한 아름다움을 발견하는 것이 바로 당신이 이 세상에 온 목적입니다. 당신 자신이 얼마나 아름다운지를 스스로 깨닫고 마음 깊은 곳으로부터 믿게 되기를 바랍니다.

나 자신을 감격시켜라

상담 중에 "당신 자신이 가장 기뻐할 수 있는 일이 무엇입니까?"라고 묻자 한 내담자가 당황하더니 곧 주체 못하고 눈물을 흘린 적이 있습니다. 엉엉 울면서 하는 말이, 단 한 번도 그런 생각을 해 본 적이 없고 누구한테도 그런 질문을 받아 본 적이 없다는 것이었습니다. 자기 자신을 위해 살지 못했기 때문이죠.

이 세상 모든 사람이 다 잘했다고 박수치고 기뻐한다 해도 내 마음속, 내면 깊은 곳에서 "아니, 이건 틀렸어."라고 느낀다면, 그것은 자신에게 아무 의미도 없는 일일 것입니다. 거꾸로 모두가 고개를 설레설레 흔들어 댄다 해도 마음 깊은 곳에서 "야, 정말 잘했다. 참 멋졌어. 자랑스럽다."라고 자신에게 말할 수 있다면, 바로 그런 일이 자신을 감격시키는 일입니다. 가슴이 뛰는 일을, 살고 싶은 삶을, 자신을 감격시킬 수 있는 그 일을 찾으십시오.

지금을 기뻐해라

모든 것은 축복입니다. 모든 만남, 모든 관계, 모든 경험이 다 유익합니다. 삶도 죽음도 모두 축복입니다. 설령 내가 이해할 수 없는 고통과 아픔이 이 세상에 계속된다고 하더라도 궁극적인 믿음을 가지고 안심하십시오. 모든 것이 축복을 위해 움직인다는 사실을 믿으십시오.

당신이 가장 원하는 모습과 말과 행동을 지금 당장 시작하십시오. 과거도 미래도 몽땅 가져와 지금을 기뻐하는 데 사용하시기 바랍니다. 그냥 지금을 살면 됩니다. 지금을 기뻐하면 됩니다. 그리고 당신 자신을 사랑하면 됩니다. 그러므로 세상을 향해 가슴을 활짝 펴고 두 손을 내밀며 맘껏 소리치십시오. "모든 것이 축복입니다."

하루 10초,
인생을 바꾸는 아침 만들기

조엘 오스틴

목사

"밝은 미래로 나아가려면 먼저 시각을 바꿔야 합니다.
미래에 대해 자기 자신마저 부정적으로 믿는다면
누가 그 사람의 인생을 긍정적으로 봐줄 수 있을까요?"

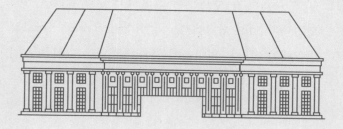

최영환: 전 세계 베스트셀러인《긍정의 힘》이라는 책을 들어 본 적이 있나요? 미국에서 가장 빠르게 성장하고 있는 레이크우드 교회 담임 목사 조엘 오스틴Joel Osteen의 저서입니다. 종교 지도자가 저술한 책임에도 종교를 초월하여 많은 사람에게 희망의 메시지를 전달했고, 전 세계에서 수백만 부가 판매되는 이례적인 기록을 남겼습니다. "나는 긍정의 힘을 믿습니다."라는 조엘 오스틴 목사의 유명한 한마디와 어떤 상황에서도 긍정적인 요소를 바라보고 미래에 대한 희망을 저버리지 않아야 한다는 그의 메시지는 희망에 목마른 사람의 갈증을 해소해 주는 시원한 청량제였던 것입니다.

종교 지도자라는 역할을 넘어 미국 내에서 가장 영향력 있는 인사로 꼽히는 조엘 오스틴. 미국 텍사스주에서 직접 만나 우유곽 대학의 교수로 모셨습니다.

여담을 하자면, 조엘 오스틴을 만나는 과정 자체가 매우 극적이었습니다. 14시간 동안 차를 타고 이동해 레이크우드 교회에 겨우 도착했지만 아무 약속도 없이 무턱대고 찾아갔던 터라 만날 방법이 없었죠. 그렇게 허탕만 치고 숙소까지 돌아갈 여비조차 넉넉지 않아 발을 동동 구르고 있는데, 친절한 미국인 한 명이 숙소까지 차로 태워 주었습니다. 그런데 마침 그분이 조엘 오스틴의 운전사였습니다. 그분은 우유곽 대학 이야기를 듣고 조엘 오스틴을 만날 수 있게 적극적으로 도와주었고 그 덕에 인터뷰가 이루어졌습니다.

우리나라가 OECD 가입국 중 행복 지수가 가장 낮다는 사실은 어제오늘의 일이 아닙니다. 이와 대조적으로 방글라데시의 행복 지수가 어떤 선진국보다도 높다는 유명한 이야기도 들어 본 적이 있을 겁니다. 이런 이야기를 들을

하루 10초, 인생을 바꾸는 아침 만들기

때 우리는 "행복을 결정하는 것은 무엇인가?"라는 의문이 들 수밖에 없습니다. 이에 대해 조엘 오스틴 교수님은 단순하지만 분명한 해답을 제시합니다. 우유곽 대학 학생 여러분, 이제 행복해질 준비가 되었나요? 그렇다면 조엘 오스틴 교수님 명강의를 다 함께 들어 봅시다.

조엘 오스틴: 많은 사람이 행복한 삶을 꿈꿉니다. 그러나 정작 '행복'이 무엇이냐고 물으면 막연한 대답이 돌아오곤 합니다. 그러다 보니 '행복'을 감정의 상태로만 생각하기 쉽고 실체가 없는 행복을 좇게 됩니다. 물론 '좋은 기분'도 행복에 포함되겠지만 그것이 전부라고 생각한다면 우리는 결코 행복한 삶을 살지 못할 것입니다. 왜냐하면 행복은 '선택'이기 때문입니다.

행복은 선택이다

행복은 저절로 주어지는 것도 아니고 그저 잠시의 기분에 해당하는 것도 아닙니다. 행복은 행복하기로 선택하는 것 자체입니다. 삶의 매 순간은 선택과 결정으로 점철되어 있습니다. "행복하기로 결정할 것인가? 불행하기로 결정할 것인가?"라는 갈림길에서 여러분은 어느 쪽을 선택했습니까? 혹시 자신도 모르는 사이에 불행을 선택하지는 않았습니까?

모든 것은 결국 자신의 결정에 달려 있습니다. 자신의 결정보다 상황의 힘이 더 크다고 생각하는 사람에게 '행복'은 아득히 먼일입니다. 그리고 불행을 선택한 사람에겐 당연히 불행이 뒤따릅니다. 행복한 삶을 살고 싶다면 먼저 행복을 선택하기로 결심하십시오.

긍정으로 시작하는 아침

그러나 자신도 모르는 사이에 불행을 선택해 온 사람에게 행복을 선택하기란 어려운 일입니다. 그 결심의 첫걸음을 하루의 시작인 아침에 해 보는 것이 어떨까요?

하루를 시작하는 시간인 '아침'은 그 어느 때보다도 중요한 순간입니다. 아침에 우연히 라디오에서 흘러나온 노래가 종일 머릿속에 맴돌고 나도 모르는 사이 흥얼거리는 경험이 있지 않나요? 아침에 하는 생각, 그리고 나의 감각을 자극하는 것이 무엇인가에 따라 그날 하루가 달라질 수도 있습니다. 그러니 아침에 무엇을 생각하느냐가 그날 하루를 결정하는 가장 중요한 일이겠지요. 하루의 시작을 허둥지둥 보내지 말고 차분히 준비하세요. 멋진 하루가 되리라 기대하며 긍정적인 일들을 생각하세요.

목사인 저는 매일 아침 하나님께서 저에게 하신 일들, 저의 삶에 행하신 긍정적인 일을 생각합니다. 이것은 저절로 된 것이 아니라 의식적으로 떠올리며 연습한 끝에 지금은 매일의 습관으로 이어지게 되었습니다.

긍정적인 기도로 하루를 시작한다면 여러분의 하루는 여러분이 생각한 대로 긍정적인 방향으로 흘러갈 것입니다. 이것은 바쁜 삶을 살아가는 현대인에게는 더욱 필요한 심호흡이 될 것입니다. 긍정적인 생각을 더 깊게 들이마시는 만큼 더 여유 있고 즐거운 하루를 살아갈 수 있습니다.

《성경》에는 〈시편〉이라는 책이 있습니다. 그 책의 저자는 "이날은 주님이 만드신 날이니 나는 기뻐하고 즐거워하겠다."라고 말합니다. 여러분도 아침에 일어나 한번 외쳐 보는 것이 어떨까요? "오늘 나는 기뻐하고 즐거워하겠다!"라고 결심하는 순간 이미 여러분은 행복한 사람입니다. 행복은 행복을 선택하는 이의 것이니까요. 매일 아침 불행이 아닌 행복을 스스로 선택하세요.

밝은 미래를 믿어라

생각보다 많은 사람이 자신의 미래를 부정적으로 믿고 살아갑니다. 이런저런 이유와 핑계를 대며 자신의 운명을 부정적으로 평가하지만, 정작 그 미래를 불행하게 만드는 것은 결국 자기 자신입니다. 밝은 미래로 나아가려면 먼저 시각을 바꿔야 합니다.

미래에 대해 자기 자신마저 부정적으로 믿는다면 누가 그 사람의 인생을 긍정적으로 볼까요? 물론 현실적인 어려움도 완전히 무시할 수는 없습니다. 그러나 현재 상황이 부정적인 것과 미래의 상황이 부정적인 것은 별개의 문제라고 봐야 합니다.

독수리가 새끼 독수리를 키우는 방법을 아십니까? 어미 독수리는 새끼를 높은 곳에서 떨어뜨리다가 붙잡고 또 떨어뜨리는 일을 반복하며 새끼 독수리가 스스로 날 수 있게끔 훈련합니다. 만약 새끼 독수리가 "아, 지금 나는 바닥으로 떨어지고 있구나. 곧 죽겠지."라고 생각하며 날갯짓을 포기한다면 그 독수리는 하늘을 나는 자유를 만끽하지 못할 것입니다. 그러나 하늘을 날아야 한다는 생각, 날 수 있다는 믿음, 그리고 날기 위한 몸부림이 새끼 독수리를 날게 만듭니다.

행복도 마찬가지입니다. 행복해질 수 있다는 믿음과 노력 없이 행복은 결코 있을 수 없습니다. 하늘은 스스로 돕는 자를 돕는다는 말이 있습니다. 신은 분명 도움을 주시는 분이지만 그분의 도움을 받아들이는 것은 우리의 몫입니다. 우리 인생을 움직이는 것은 자신이 가진 믿음입니다. 오늘은 어제의 내가 믿었던 것의 결과이고, 내일은 오늘 내가 믿는 것에 따라 달라지지요. 그 믿음이 여러분을 밝은 미래를 향해 걸어갈 수 있게 할 것입니다.

멘탈을 잘 부여잡았다면 본격적으로 전문성과 경쟁력을 키울 시간입니다. 단순히 학교에 다닌다고 우리는 성장하지 않습니다. 스스로 자기계발을 할 때 자신의 장단점, 가치관, 목표를 더 잘 이해할 수 있습니다. 어디를 가든 커리어 역량을 향상시키고 새로운 기회를 모색할 힘을 키워 주는 자기계발의 중요성은 아무리 강조해도 지나치지 않죠. 자. 여기 학교에서 알려 주지 않는 좋은 습관을 가지는 법과 화장실 5분 사용법 등 인생 노하우를 알려줄 네 분의 교수님을 소개합니다.

PART 2
자기계발학과

인생을 바꾸는
습관의 힘

이희돈
세계무역센터협회 부총재

"많은 젊은이가 군대에서 자신의 젊음과 시간을
낭비한다고 안타까워하지만,
저는 군대만큼 평생에 필요한 습관을 형성할 수 있는 곳도
드물다고 생각합니다."

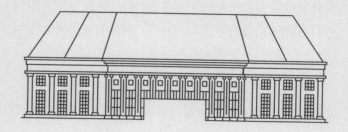

최영환: 세계무역센터협회는 현재 100여 국에 300여 개가 넘는 무역센터를 보유하고, 75만여 정부산하기관 및 무역관련기관을 회원으로 보유한 명실공히 전 세계 유일의 민간경제협력기구입니다. 그런데 국제 무역의 상징이라 할 수 있는 이 협회의 수석부총재가 한국인이란 사실을 알고 있나요? 최강국들의 알력 다툼도 제치고 아시아계 최초이자 유일하게 수석부총재에 임명되며 전 세계 정재계 인사들 사이에서 화제가 되었던 이희돈 부총재가 그 주인공입니다.

이쯤 되면 성공한 사람들의 명예의 전당이라 불리는 인명

대사전《마르퀴스 후스 후Marquis Who's Who》에 '미국을 움직이는 주요 인물'로 이희돈 부총재의 이름이 등재된 것은 새삼 놀랄 것도 없겠죠. 세계무역센터협회의 수석부총재답게 전 세계를 바쁘게 누비는 이희돈 교수님을 미국 워싱턴에서 극적으로 만나 우유곽 대학으로 모셨습니다.

이희돈 교수님은 수십 년 전 비행기 표 하나만 달랑 가지고 무작정 옥스퍼드를 향해 떠났던 유학생이었다고 합니다. 옥스퍼드대학 학장 앞에서 실력이 모자라니 배우러 온 것 아니냐며 입학도 시켜 주고 장학금도 지원해 달라던, 배짱 하나만은 두둑한 청년이었죠. 그렇게 해외로 첫발을 디딘 후 수석부총재 자리까지 오른 지금은 교수로서 옥스퍼드대학에 돌아와 평생을 연구직에 몸담게 되었습니다.

요즘처럼 조기 유학의 혜택을 본 것도 아니고, 공부에만 전념할 수 있도록 든든한 지원을 받지도 못했던 그가 세계를 움직이는 거성으로 우뚝 설 수 있었던 이유는 무엇일까요? 그는 이 물음에 단도직입적으로 '좋은 습관'이라고 답합니다. 습관이 중요하다는 것을 모두가 알고 있지만 실천하기란 쉽지 않죠. 그만의 노하우가 담긴 이희돈 교수님이 반드시 가져야 한다고 말하는 '습관'은 무엇인지 경청해 봅시다.

이희돈: 한국에서는 너나없이 해외로 조기 유학을 보낸다고 들었습니다. 그러나 저는 조기 유학만큼은 절대 반대입니다. 제 조카들도 조기 유학을 하겠다고 미국으로 왔던 것을 제가 다 돌려보냈습니다. 모국에 대한 정체성도 형성되지 않은 때에 섣불리 외국에 나가면 자신의 존재감을 제대로 드러내기가 어렵기 때문입니다. 많은 사람이 언어 교육 때문에 어린 나이에 해외로 유학을 보낸다고 하는데 이것은 난센스입니다. 영어 발음이 좋아야 우수한 리더가 되는 것이 아니라 탁월한 리더의 언어와 억양을 세계가 따라가게 되는 것이지요.

한 예로 우리가 많이 사용하는 '구글Google'을 들어 볼까요. 구글이라는 단어는 원래 존재하던 단어가 아니었습니다. 구글은 처음 구글을 만들었던 학생들이 단어를 잘못

입력하면서 만들어졌습니다. 구글은 영어 사전 어디에도 없는 단어였지만 지금은 당당하게 옥스퍼드 사전에 등재되어 있죠. 영어를 잘하느냐 못하느냐, 얼마나 발음이 좋으냐 안 좋으냐가 아니라 '탁월한 사람'의 언어가 결국 가장 영향력 있는 언어입니다.

확실한 방향성과 꿈

그러므로 한국에 있기에 시간을 낭비하고 있다는 생각은 잘못되었습니다. 시간 낭비는 주어진 환경의 문제라기보다 '방향성'의 문제라고 할 수 있습니다. 제가 젊은이들에게 가장 하고 싶은 이야기는 이 '방향성'입니다. 예를 들어 고속도로에서 운전할 때 올바른 길로 가고 있다면 느리게 가든, 중간에 사고가 나든, 그 방향 대로만 가면 결국은 목적지에 도착합니다. 그러나 아무리 빠르게 가는 것 같아도 샛길로 빠진다면 그것은 안 가느니만 못하겠죠.

사실 제 개인적으로도 아쉽게 생각하고 후회스럽게 생

각하는 문제가 이 방향성과 그 방향의 도착지인 꿈의 문제입니다. 저는 지금도 종종 "내가 젊었을 때 좀 더 뚜렷한 방향성을 가졌더라면"이라고 생각하곤 합니다. 그리고 "그 방향성에 더 집중했더라면"이라고 생각하지요. 사실 "무엇이든 다 할 수 있다."라는 말은 "아무것도 못 한다."라는 말과 별반 다르지 않습니다. 그러니 확실한 방향을 가지고 큰 꿈을 꿔야 한다고 말하고 싶습니다.

튀는 것은 젊은 날의 특권

확실한 방향을 가진 사람들은 그렇지 않은 사람들 사이에서 튀어 보이기 마련입니다. 그러니 유별나 보이는 것을 두려워하지 마십시오. 저는 지금도 교회에서 기도할 때 영어로 합니다. 처음에는 말문이 막히고 1분도 채 하지 못했죠. 영어를 모국어로 하는 사람들 눈에 외국인이 안간힘을 쓰며 영어로 기도하는 것이 얼마나 이상해 보였겠습니까.

저 또한 답답한 마음에 속에서 열불이 날 것 같기도 했죠. 그러나 매일 꾸준히 해 나갔고 그렇게 10년, 20년이 흐른 후에 나타난 차이는 어마어마했습니다. 다른 사람의 시선을 두려워하지 마십시오. 자신이 옳다고 생각하는 일, 뚜렷한 방향을 향해 최선을 다해 움직여 나가십시오. 그것이 젊은 날의 특권입니다.

습관: 시간 낭비를 막는 최고의 방법

젊은 날의 시간을 낭비하는 것은 황금을 베고 잠만 자는 것과 같습니다. 아직 무엇을 해야 할지 혹은 자신이 가야 할 길의 방향이 어디인지 찾지 못했다면 더더욱 그렇습니다. 감나무 밑에 앉아 감 떨어지길 기다리십니까? 자신의 방향을 찾으려고 온몸으로 움직여야 합니다.

그렇다면 자신의 방향을 알 방법, 그래서 불필요한 시간과 수고를 줄이는 방법은 무엇일까요. 저는 '좋은 습관'이 아닐까 생각합니다. 좋은 습관은 인생이라는 망망대해에서 올바른 방향으로 나아갈 수 있게 인도해 주는 나침반과 같습니다. 올바른 방향을 제시하여 좀 더 빨리 목적지에 도착할 수 있게 도와주는 나침반은 모험가에게 없어서는 안 되는 도구이지요.

우리의 뇌는 처음 하는 것, 생소한 것을 할 때는 상당히 많은 에너지가 소모되는 반면, 익숙한 것, 습관화된 것을 할 때는 아주 적은 에너지로도 똑같은 일을 할 수 있다고 합니다. 수없이 노력하고 반복할수록 같은 일을 할 때 들어가는 에너지가 점점 적어지고, 그렇게 되면 더 많은 일을 효율적으로 처리할 수 있게 되겠지요. 그러므로 습관이야말로 가장 강력한 무기인 셈입니다.

무서운 누적의 힘

습관이 무서운 또 다른 이유는 '누적'되기 때문입니다. 다른 사람보다 5분 더 공부하는 것은 어렵지 않습니다. 또한 다른 사람보다 5분 더 일찍 일어나는 것도 어렵지 않습니다. 그러나 매일 다른 사람보다 5분 더 공부하고 일찍 일어난다면 수십 년 후의 누적된 결과는 엄청난 차이를 보입니다.

살면 살수록 모든 사람은 평등하다고 느낍니다. 그러므로 뛰어난 천재보다도 뛰어난 노력이 중요하지요. 저는 지금까지 지능 지수가 700이 넘는다는 사람은 본 적이 없습니다. 지능 지수가 아무리 뛰어난 사람이라고 해도 평균 수치와 큰 차이가 나지는 않죠. 결국 도토리 키 재기인 셈입니다. 남들보다 5퍼센트의 능력을 더 가진 사람이 리더가 되고, 그들 중 7퍼센트의 능력을 더 가진 사람은 리더 중에서도 최고의 리더가 될 수 있지요. 별것 아닌 것 같지만 다른 사람보다 늘 몇 퍼센트의 노력을 더 하기란 말처럼 간단하지 않습니다.

그러나 '습관'은 엄청난 노력도 저절로 하도록 만들지요. 그러므로 습관이 무서운 것입니다. 그런데 이 습관이라는 녀석은 반동성이 있어서 혼자서 할 때는 잘 만들어지지 않고, 오히려 무의식적으로, 환경에 의해 만들어지는 경우가 대부분입니다. 그러므로 단체 생활할 때 좀 더 수월하게 습관을 형성할 수 있습니다. 한국에서는 대표적인 곳이 '군대'인 것 같습니다. 미국에서도 군대 생활을 한 사람들의 역량과 능력을 사회에서 요구합니다. 현대 사회가 비규율적이며 어디에서도 '절제'라는 것을 가르쳐 주지 않은 반면 군대에서는 '절제'와 '규율'을 몸에 익힐 수 있기 때문이겠지요.

저는 미국에서 지내며 군대를 다녀온 사람들이 사회생활을 적극적으로 하는 것을 자주 보았습니다. 미국의 군인이나 일본의 자위대는 사회적으로도 많은 영향을 미치고 있습니다. 얼마 전에 미국의 육군참모총장과 식사를 함께할 기회가 있었는데, 군대에 관한 이야기가 아니더라도 사회 전반에 걸친 다양한 주제로 대화를 나눌 수 있었습니다. 그만큼 사회에 관한 관심이 높으므로 평화봉사단에도 군 출신자가 많은 것입니다.

많은 젊은이가 군대에서 자신의 젊음과 시간을 낭비한다고 안타까워하지만, 저는 군대만큼 평생에 필요한 습관을 형성할 수 있는 곳도 드물다고 생각합니다. 한 가지 예로, 군대에서는 늦게 일어나고 싶어도 늦게 일어날 수 없지 않습니까? IT 시대에 들어서면서 기상 시간이 늦어졌다고 하지만, 많은 학자가 여전히 일찍 일어나는 것의 중요성을 말하고 있습니다. 군대에서 배울 수 있는 '규율'도 결국에는 하나의 습관입니다.

습관은 한 사회의 힘이다

외국에 나와서 보니 한국 사람들은 '질서'와 친하지 않다고 생각하게 되었습니다. 반면 미국에서는 어릴 때부터 규칙 준수에 대한 교육을 철저히 하고 있습니다. 무역센터가 9·11 테러를 당하며 아수라장이 되지 않았습니까? 당시 한 여직원이 건물이 무너져 가는 긴박한 상황에서도 70층 이상의 높이에서부터 할머니를 부축해 내려와 화제가 되었습니다. 그리고 〈라이프〉의 표지 모델이 되기도 했죠.

평소 특출나게 업무 능력이 좋았던 사람도 아니었는데 어떻게 그럴 수 있었는지 너무 궁금해서 물었더니, 한 치 앞도 안 보이는 어둠 속에서 사람들이 다 함께 손을 잡고 "한 발, 한 발"이라고 외치며 내려왔다고 합니다. 놀라운 점은 그 와중에 한 명도 먼저 내려가겠다고 질서를 흐트러뜨리지 않았다는 것이죠. 건물이 무너져 내리는 위기 상황에서 위대한 영웅이 되려고 그런 행동을 했다고 생각하지 않습니다. 늘 배워 왔던 질서, 규칙이 결정적인 상황에서 드러난 것이지요.

이렇듯 한 개인의 습관이 모이면 그것은 한 사회의 힘이 되기도 합니다. 그리고 그것이 바로 '문화적 습관'이겠지요. 선진 복지 국가라고 불리는 스위스에서는 자전거를 무상으로 지원하거나 헬스클럽을 장려하는 정책으로 사회적으로 건강한 습관을 키우려고 국가가 나서서 노력하고 있습니다. 개인의 습관, 더 나아가 한 사회가 공유하는 습관의 힘이 중요하기 때문입니다.

가능성 있는 그 이름, 대한민국

저는 대한민국의 정체성을 사람들에게서 찾기를 원합니다. 우리나라 사람은 다른 어떤 나라에 가서도 유능함을 인정받는 사람들입니다. 또한 우리나라의 '홍익인간'이라는 정신 자체는 어디에 가나 그곳을 이롭게 만드는 힘입니다. 우리의 국어는 또 어떻습니까? 저는 지금도 우리나라의 말이 가장 아름다운 언어라고 생각합니다. 문자가 없는 부족들에게 한글로 그 부족의 언어를 표기할 수 있도록 하는 것만 보아도 한글의 우수성을 잘 알 수 있을 것입니다.

대한민국은 확실히 가능성이 많은 나라입니다. 그것들을 잘 활용한다면 세계를 이롭게 하는 리더 역할을 한국이 감당할 수 있으리라 생각합니다. 그리고 대한민국의 힘은 개개인의 힘에서, 그리고 그것은 결국 '습관'에서 오는 것입니다. 우유곽 대학의 많은 젊은이가 꼭 '습관'이라는 인생의 나침반을 가지길, 세계에서 역량을 펼칠 수 있길 기대합니다.

가난해지는 선택을
그만둬라

김석봉

석봉토스트 대표

"가난을 대물림해 받았다는 생각이 들었습니다.
그런데 이것이 과연 사실일까요? 아버지가 가난을 물려준 것이 아니라
내가 가난을 선택해서 받아들였다는 생각이 들었습니다."

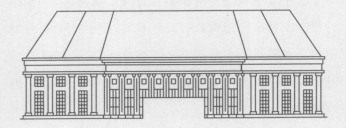

최영환: 20세기 기업이 차가운 지성을 갖춘 똑똑한 인재를 원했다면, 21세기 기업은 뜨거운 가슴을 가진 인재를 찾고 있습니다. 시대의 흐름을 증명이라도 하듯 성공한 사람 열의 아홉은 '열정'을 가장 큰 성공 요인이라 말합니다. 하지만 "열심히 하자!" 같은 막연한 구호만으로는 금방 끓어올랐다가 식는 '냄비 열정'이 되기 십상입니다. 여러분을 온돌과도 같은 열정으로 훈훈하게 만들어 줄 석봉 토스트의 창업자 김석봉 교수님을 만나봅시다.

자기계발학과의 김석봉 교수님은 길거리 노점상을 전국 300여 개의 체인점을 가진 토스트 전문 업체로 키워 식품

가난해지는 선택을 그만둬라

업계의 '1억 신화'라고 불리는 분입니다. 김석봉 교수님에게는 색다른 별명이 하나 더 있습니다. 바로 '토스트 굽는 민간외교관'입니다.

김석봉 교수님에게 이처럼 독특한 별명이 붙은 이유는 "내가 대한민국의 주인이다."라는 그의 철학 때문입니다. 자신이 한국을 대표하는 얼굴이자 주인이기 때문에 외국인 손님도 그냥 맞이할 수 없어 외국어를 공부했고 가끔 찾는 외국 손님에게 꼭 그 나라 말로 인사를 건넸다고 합니다. 이 특이한 토스트 가게 아저씨는 점점 입소문을 타기 시작했고, 얼마 후에는 일부러 토스트 가게 근처 호텔에 머무르며 석봉토스트를 찾는 외국인 관광객이 생길 정도로 저명인사가 되었습니다. 그야말로 '훌륭한 민간외교관'의 역할을 톡톡히 해낸 셈입니다.

"신은 공평하다."라는 말을 합니다. 모든 사람에게 각기 알맞은 재능과 능력이 있다는 뜻이라 볼 수 있습니다. 그 재능과 능력을 끄집어내는 능력이 열정입니다. 자, 김석봉 교수님의 명강의로 우리 열정에 불씨를 던져 봅시다.

김석봉: 국민의 한 사람이라면 주인 의식을 가지는 것은 기본이라고 생각합니다. 내가 어렸을 때는 누구나 가정 교육이라는 것을 받는 줄 알았습니다. 나는 시골에서 자랐습니다. 비록 형편은 어려웠지만 부모님은 늘 말씀하셨습니다. 첫째, 형제들끼리 우애가 있어야 한다. 둘째, 동네어른들께 만날 때마다 인사해야 한다. 하루에 한 번을 만나든 열 번을 만나든 인사해라. 그리고 어른 찾아뵐 때 문여닫는 법 등 예절을 강조하셨습니다. 집에 회초리가 있었는데 일주일에 한 번씩 꼭 회초리를 옆에 두시고 잘했든 못했든 훈육하셨습니다.

우리 집은 가난했습니다. 농가였지만 밀범벅을 해서 먹기도 했고, 칼국수는 최고의 밥상이었습니다. 풀떼죽이라는 것도 먹었는데, 그렇게 가난할 때도 걸인이 오면 아버지께서는 항상 빈손으로 보내지 않으셨습니다.

어렸을 때는 그것이 너무도 당연시되어서 "우리도 없는데 뭘 주나?"라고 생각한 것이 아니라 "어떻게 하면 드릴수 있을까?"라고 생각했습니다. 감자나 고구마, 혹은 보리

쌀이 있을 때 한 주먹씩 드리고 그랬습니다. 어렸을 때부터 교회를 다녔는데 주일 학교 선생님께서 옷을 깔끔하게 차려입는 것이 경건이 아니라 고아와 어려운 사람을 돕는 것이 경건이라고 말씀하셨습니다.

사회생활을 하면서 정말 국가를 사랑하는 방법이 뭘까요? 내가 처한 상황에서, 용접이라면 용접, 리어카 끌고 길거리에서 장사한다면 그 일터, 직장, 가정에서, 하는 일에 최선을 다한다면 그것이 나를 사랑하는 길이고 애국하는 길입니다. 건강을 지키는 것 자체가 애국입니다. 자기 일에 최선을 다하는 것이 애국입니다. 작든 크든 간에 세금을 내는 것이 국가를 사랑하는 것입니다. 그 세금 때문에 국가가 운영되기 때문입니다.

IMF 때 길거리에서 토스트를 팔고 있을 때, 외국인이 참 많이 왔습니다. 처음에는 언어를 몰라서 낑낑대다가 미소를 짓기 시작했습니다. 이 사람들에게 최고의 서비스는 미소 띤 얼굴입니다. 윗니 대여섯 개를 보여야 다른 사람들에게 좋은 아침이 됩니다. 사람들은 나에게 토스트가 아니라 좋은 아침을 사는 것입니다. 외국인에게는 미소뿐만 아니라 그 나라 언어로 말해 줘야겠다고 생각했습니다. 그래서 각 나라 문장 스무 개씩을 외웠습니다.

그러다 보니 외국 잡지, 신문사, 가이드북 등에서 찾아왔습니다. 항공사 스튜어디스가 소개하는 맛집에도 소개되었습니다. 주위 호텔 관계자가 나에게 감사의 뜻을 전했습니다. 외국인들이 토스트 하나를 먹으려고 그 호텔을 예약하고, 제대로 된 토스트를 먹으려고 아침 일찍 나와서 기다렸습니다. 그런 사람이 늘어났습니다. IMF 때 한국이 힘들어하고 있는데 내가 국가에 큰일을 하고 있구나 하는 생각을 하게 되었습니다.

주인 의식을 가지기 위한 구체적인 방법

사람들 대부분은 자본이 있어야 뭔가 할 수 있다고 생각합니다. '나는 안 돼. 난 가진 게 없어.' 나는 이런 생각에서 헤어나지 못하는 사람이었습니다. 하루는 나를 찬찬히 살펴봤습니다. 나는 가난하고 학벌도 좋지 않다는 생각에 자존감이 너무 낮았습니다. 항상 사람들 앞에서 얼굴을 숙이고 있는 나 자신을 발견했습니다. 이것이 습관이 되어서 사람들 앞에 나서지 못하고 두세 사람 앞에만 서도 얼굴이 빨개져 말을 못했습니다. 결혼하고 아이도 있었지만 나는 아무것도 아닌 존재였습니다.

무엇이 나를 이렇게 힘들게 할까 생각해 보니 스스로를 낮춰 보는 것이 습관이 되어 있었습니다. 왜 나는 가난한가 생각해 보니 부모님에게 가난을 대물림해 받았다는 생각이 들었습니다. 그런데 이것이 과연 사실일까요? 아버지가 가난을 물려준 것이 아니라 내가 가난을 선택해서 받아들였다는 생각이 들었습니다.

원인을 곰곰이 생각해 보았습니다. 첫 번째, 잠을 즐기고 있었습니다. 10시간 넘게 자고 나서 어젯밤 잘 못 잤다고 말하곤 했습니다. 두 번째, 정말 게을렀습니다. 비전을 가지고 있었지만 현실에 안주하면서 시간 관리를 못했습니다. 텔레비전 앞에 있으면 애국가를 다 봐야 하고, 기회만

되면 어젯밤 잘 못 잤으니까 더 자야 하고, 졸고, 시간을 엉망으로 썼던 것입니다. 세 번째, 성장하면서 포기가 빨라졌습니다. 내가 고생하는 것보다 남에게 손 벌려 얻어먹는 것이 더 빠르다고 생각했습니다. 거지 근성을 가지게 되었습니다.

이것을 발견하고 통곡했습니다. 가난은 물려받은 것이 아니라 내가 선택한 현실이구나. 무엇보다 나를 보고 자라는 아이들이 도대체 어떻게 앞으로 살아갈까. 내 삶을 바꾸지 않으면 나는 아빠로서 살 가치가 없다. 그러니 이 세가지만 줄이자고 결심했습니다.

21일 습관 바꾸기 프로젝트

잠을 10시간에서 5시간으로 줄였습니다. 게으름을 줄이는 데는 플래너를 사용했습니다. 오늘 해야 할 일에 우선순위를 부여하고 꼭 실천하자. 플래너에 적은 것을 꼭 실천하자. 내가 내 인생을 주도해 보자. 주도적으로 살아 보

자. 이렇게 조금씩 하다 보니 재미있었습니다.

시간을 내 마음대로 관리할 수 있다. 내 인생을 내가 설계한다. 거지 근성을 없애려면 내가 어려운 이웃을 돕자. 나는 지금 먹고사는 것만 해도 참 감사하다. IMF 이후에 보육원에 맡겨지는 아이와 노숙자가 넘쳐 난다. 우리 가족 먹고살고 남은 것을 저축할 수도 있지만 이 사람들을 도와주자. 이 세 가지를 실천했더니 연 매출 1억 원이 넘어 갔습니다.

나는 정말 거지처럼 살았습니다. 그러나 지금 나는 한 회사의 CEO입니다. 젊은이들이여, 자기 환경과 배경을 탓하지 맙시다.

나의 성공 재능 중 하나는?

성공도 꿈도 본인이 선택하고 결정합니다. 다른 사람이 아닌 본인이 선택하고 본인이 행하는 것입니다. 나는 그

전에 항상 모든 것을 남의 탓으로 돌렸습니다. 이것은 너 때문에, 부모님 때문에, 당신 때문에 등등.

나는 세 가지 선물을 받았습니다. 세상에 공짜가 없다는 것을 알았습니다. 뭔가 대가를 지불하지 않으면 얻을 수 있는 것이 아무것도 없습니다. 노점상 3년 만에 나도 이제 할 수 있다는 자신감을 얻었습니다. 어떤 일이든 내가 미쳐서 할 수 있는 것을 3년만 하면 그 분야에서 프로가 되어 있지 않을까.

여기서 핵심 하나를 뽑으라고 한다면 자신과의 싸움입니다. 자신과의 싸움에서 이길 수만 있다면 이미 성공한 사람입니다. 많은 사람이 다른 사람과 약속한 것은 잘 지킵니다. 하지만 자신과 약속한 것을 지키기란 쉽지 않습니다. 일주일 계획과 한 달 계획을 짜고 저 자신과 한 약속은 꼭 지킵니다. 처음에 할 때는 나와 한 약속을 30퍼센트밖에 지키지 못했습니다. 하지만 요즘은 다른 사람과 한 약속보다 나와 한 약속을 훨씬 더 잘 지킵니다.

실행력이 중요하다

많은 젊은이가 시도를 참 많이 합니다. 계획도 많이 하고, 머리도 좋습니다. 하지만 문제는 실행력입니다. 계획은 많은데 실행을 잘 하지 못합니다. 실행하지도 않고 실패했다고 표현합니다.

예를 들어 내일 아침에 등산을 간다고 합시다. 오늘 밤 일찍 자면 내일 아침 일찍 일어날 수 있습니다. 그런데 일찍 자지 않습니다. 오히려 밤을 새웁니다. 밤을 새우는 것은 누구나 할 수 있지만 일찍 자는 것은 누구나 하지 못합니다. 구체화해야 합니다. 내일 아침 일찍 일어나려면 오늘 일찍 잠자리에 들어야 한다는 간단한 계획도 세울 줄 알아야 합니다.

아마추어와 프로의 차이는 간단합니다. 아마추어는 수많은 계획과 생각을 하지만 실행하지 않습니다. 프로는 기회는 적지만 꼭 실행으로 옮깁니다. 그 차이입니다.

나는 〈잠언〉을 매일 읽습니다. 그리고 거기서 많은 것을 깨닫습니다. "자기 자신을 이기는 자는 성을 빼앗는 것보다 낫다."라는 말이 있습니다. 너무 힘들어서 고민하다가 포기하려고 할 때 이 글을 봤습니다. 성을 빼앗으려면 군사 수만 명이 죽습니다. 그만큼 힘든데 자신과의 싸움에서 이기려면 이 정도는 견뎌 내야 하지 않을까. 거기서 힘이 났습니다.

가난해지는 선택을 그만둬라

화장실 가는 5분 동안
인생 대학 다니기

장형태
대한종묘조경 대표

"무에서 유를 창조하는 것은 그만큼 어렵지만
어렵다고 추진하지 않으면 아무것도 할 수 없습니다.
과감히 먼저 한 발 내딛으십시오. 그리고 추진하십시오."

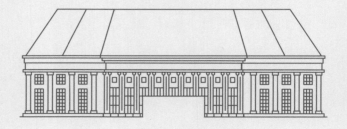

최영환: 〈포춘〉이 선정한 가장 영향력 있는 CEO이자 애플의 창업자 스티브 잡스는 괴짜가 되는 것을 겁내지 말라며 직관을 따르는 용기를 강조합니다. 참신한 아이디어만큼이나 끈질긴 추진력이 필요하다는 것이죠. 그래서 '우리나라에서 가장 끈질긴 추진력을 가진 분'이 누구일지 고민하다 추진력만큼은 누구보다도 대단한 분을 찾아냈습니다. 흙냄새가 물씬 느껴지는 투박한 손으로 우리나라 조경업을 개척해 온 장형태 (주)대한종묘조경 대표님입니다.

장 대표님은 30여 년의 세월을 묘목과 화초 개발에 몰두

하며 사람들이 무심코 지나치는 화단의 꽃을 위해 평생을 바친 '종자 명장'입니다. 외국에서 수입해 온 화초로 뒤덮여 있던 길가, 아파트 단지 및 공공장소에 우리나라의 야생화를 심어 대중화시킨 장본인도 장 대표님입니다.

장 대표님이 야생화 연구를 시작할 때만 해도 우리나라의 조경 문화는 수입 묘목과 화초에 의존하고 있었습니다. 산에서 자생적으로 피어나는 야생화는 기후나 토양에 민감하여서 조경용으로 사용하는 것이 당시에는 불가능했다고 합니다. 그뿐만 아니라 산에 가면 많이 피어 있는 것을 왜 재배하느냐는 편견 또한 넘어야 할 장애물이었습니다.

'야생화를 심는 괴짜'였던 장 대표님은 외로운 길을 걸으며 수많은 시행착오를 거듭한 끝에 할미꽃, 구절초 등을 비롯한 300여 종을 조경용으로 개발하는 데 성공했습니다. 그 덕분에 2002년 월드컵, 광주비엔날레 같은 주요 행사장은 물론이고 도심 곳곳에서 우리나라의 토종 야생화를 볼 수 있게 되었습니다. 사람들이 몰라서 못 하거나 필요하다는 것을 알면서도 엄두조차 내지 못했던 '야생화 재배'는 장형태 대표님의 추진력이 불러온 승리라고 할 수 있습니다.

'조경은 단순히 장식이 아니라 생태 복원'이라는 정신으로 야생화 시장을 개척하며 조경 산업의 선두 주자로 우뚝 선 장형태 대표님을 자기계발학과 교수님으로 모셨습니다. 장형태 교수님께 무모한 도전을 위대한 발견으로 이끌었던 원동력인 '추진력'을 배워 봅시다.

장형태: 저는 32년간 한 업종에 종사했습니다. 사실 제가 일하는 업종은 끝이 안 보이는 일이에요. 비전이 별로 없어 보이고 가능성보다는 불가능이 많은 곳이기도 합니다. 하지만 제가 아직 이 일을 할 수 있는 것은 바로 이 일을 좋아하기 때문입니다. 물론 사업이라고 하면 어느 정도 수익이 보장되어야 하는 것은 맞지만, 그것은 둘째 문제로 생각하고 저는 이 일이 좋아서 열렬히 이 일을 하며 살아왔습니다.

좋아하면 추진력이 생긴다

메리골드나 팬지 등의 서양화가 우리나라 화단 전체를 덮고 있을 때 토종 야생화를 보급한다는 것은 생각처럼 쉽지 않았어요. 서양 꽃보다 대중적으로 알려지지 않아 수요가 없었습니다. 게다가 야생화를 채취할 때면 산야를 훼손한다는 비난까지 듣곤 했죠. 야생화를 조경 식물로 응용하는 실험은 실패의 연속이었고, 국민들 반응은 냉담했습니다.

하지만 야생화와 함께 있으면 서로 대화하는 것 같고 이 일이 정말 좋았기에 끝까지 추진력을 발휘했습니다. 우리 식물을 알리려고 관공서는 물론 전국 대학의 조경학과와 생물과 사람을 만났고, 기업체를 돌아다니며 무료로 종자를 나눠 주고 홍보를 시작했습니다.

이렇게 계속 일을 추진하다 보니 제가 좋아하는 이 야생화의 아름다움에 눈뜬 사람이 늘어나고 수요가 늘기 시작했습니다. 1988년 올림픽부터 천천히 수요가 늘어 가다가

2002년 월드컵을 맞아 한국의 특색을 보여주기 위해 국가 차원에서 사업을 하기 시작했습니다. 여의도의 샛강생태공원, 인천국제공항, 고양꽃박람회, 광주비엔날레 행사장, 상암동의 월드컵공원, 청계천 주변, 인사동의 쌈지길 등에 자생 식물을 심었습니다.

성공의 키워드: 10년만 추진해라

"10년을 계획 세워서 하면 안 되는 일은 없다." 이것이 저의 지론입니다. 10년간 한 분야에 계획을 세워서 꾸준히 한다면 못 할 일이 없습니다. 정말 쉬운 말이고 누구나 다 알고 있는 말이지만 문제는 이것을 실천하는, 즉 추진하는 사람이 세상에 많지 않다는 것입니다. 이것이 바로 추진력이 중요한 이유입니다. 이거 꼭 알고 있어야 해요. 추진하는 사람이 생각보다 많지 않다는 것을.

처음부터 모든 것을 갖추고 시작하는 사람은 없습니다. 태어날 때부터 우리는 아무것도 없이 태어났기 때문입니다. 무에서 유를 창조하는 것은 그만큼 어렵지만 어렵다고 추진하지 않으면 아무것도 할 수 없습니다. 과감히 먼저 한 발 내디디십시오. 그리고 추진하십시오. 그러다 보면 한 달이 가고 1년이 가고 10년이 되었을 때 당신은 꽤 높은 수준에 있게 될 것입니다.

돈은 추진 원동력이 되지 못한다

절대로 돈만 보고 쫓아가지 말라고 젊은 사람들에게 이야기해 주고 싶습니다. 돈만 보고 쫓아가다 보면 어떤 일을 길게 할 수 없습니다. 모든 일에는 사이클이 있습니다. 불황과 호황이 있는 것이죠. 돈의 논리만 따지다 보면 모든 일이 호황 때만 재미있고 불황 때는 재미없게 됩니다. 이렇게 되면 한 가지 일을 지속적으로 할 수가 없습니다. 돈을 보고 일하는 것이 아니라 자신이 하고자 하는 일이 정말 좋아야 합니다. 덧붙여 혼자만 좋아하는 일이 아니라 주위의 다른 사람들도 좋아하는 일을 하면 돈보다 더 값진 추진 원동력을 가지게 됩니다.

국민 대다수가 야생화에 대해 냉담한 반응을 보일 때도 제가 일에 대한 열정을 놓지 않았던 이유는 좋은 종자가 나라를 부강하게 한다는 말을 금강석처럼 믿었기 때문입니다. 씨앗 하나도 가볍게 보지 않습니다. 배추씨 한 가마니 값은 쌀 한 가마니와 견줄 수 없을 만큼 비쌉니다. 꽃씨도 마찬가지고요. 외래종이 들어와 막대한 종자 로열티를 지불하는 현실 속에서 순수 토종 종자들을 개발하여 역으로 해외에 수출하여 나라를 부강하게 하는 것이 저의 꿈입니다. 이 꿈이 제가 힘들고 지칠 때, 당장 눈앞의 이익에 눈이 멀려 할 때, 저를 다시금 바로잡게 만들고 일을 추진하게 만드는 원동력입니다.

화장실 평생 공부법

제 화장실에는 항상 책이 있습니다. 5분이 되었든 10분이 되었든 항상 볼일을 볼 때마다 책을 봅니다. 화장실은 매일 가는 곳이니 매일 공부하게 됩니다. 별것 아닌 것 같지만 이 책 읽기를 평생 하게 되면 평생 활용할 큰 지식을 얻을 수 있습니다.

여기서 추진력 문제가 또 나옵니다. 이 책 읽기 습관을 이야기해도 실천하는 사람은 많지 않습니다. 화장실에서 책 읽으면 항문에 병이 생긴다더라는 꽤 설득력 있는 말로 추진은 안 하면서 머릿속으로 변명만 하기 시작합니다. 저는 30년 동안 화장실에서 책 읽으며 항문에 병 걸린 적이 없습니다. 딱 5분. 병 대신 지식을 얻을 수 있길 바랍니다.

피할 수 없는 위기를
즐기는 방법

이채욱

인천국제공항공사 대표

"백지에 그 일의 좋은 점 열 가지를 적어 가며
자신과 대화를 나누십시오.
그러다 보면 왜 내가 이 일을 해야 하는지가 분명해지며
어떻게 해야 할지 깨닫게 될 것입니다."

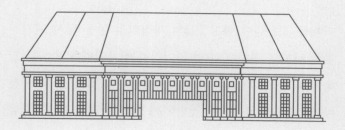

최영환: 자, 당신이 한 회사의 직원이라고 상상해 봅시다. 당신이 나름대로 공을 들이던 한 프로젝트가 실패했고, 그 때문에 회사 자본의 3분의 1이 날아가 버렸다고 가정해 봅시다. 생각만 해도 등골이 오싹하고 간담이 서늘하지 않나요? 지금은 인천국제공항의 회장이자 자기계발학과 마지막 강의를 맡아주실 이채욱 교수님 경험담입니다.

이채욱 교수님이 삼성물산의 과장직을 맡을 당시 예기치 못한 사고로 회사에 40억 원이라는 어마어마한 손해를 입히게 되었습니다. 말 그대로 '일생일대의 위기'를 맞은 것이죠. 사표를 제출하는 것밖에는 달리 생각할 수 없던 상황이었지만 교수님은 회사에 남아 책임을 다하기로 결심하고, 사직서를 서랍에 넣어 둔 채 1년간 죽을힘을 다해 복구 작업에 매달렸습니다. 그리고 복구 작업을 마치고 사직서를 낸 후에 돌아온 응답은 뜻밖에도 '해외 지사 발령'이었습니다. 40억 원이라는 손실을 복구한 그의 책임감과 위기관리 능력을 회사에서 인정해준 것입니다.

뜻밖에 얻은 해외 발령의 경험 덕분에 이채욱 교수님은 삼성GE의료기기 사장, GE코리아 회장으로 승승장구하며 지금의 인천국제공항 회장직까지 맡게 되었습니다. 만약 이채욱 교수님이 회사 자본 3분의 1을 날린 위기 앞에서 좌절하거나 도망쳤더라면 어떻게 됐을까요. 위기 앞에서 겁먹지 않는 강심장이었기에 지금의 그가 있을 수 있었던 것이죠.

'위기'라는 녀석은 늘 예상치 못한 순간에 닥쳐오며 우리를 당황하게 만듭니다. 그렇다면 어떻게 해야 위기 앞에서 겁먹지 않을 수 있을까요? 이채욱 교수님께 위기 앞에서 강심장이 되도록 만드는 노하우를 배워 봅시다.

이채욱: 40여 년 전, 어렵게 남의 집 가정교사로 더부살이하며 대학을 마치고 더 높은 봉급을 약속한 회사를 제쳐둔 채 가능성을 보고 삼성물산에 입사했습니다. 열심히 일하다 보니 조금 이른 30대 초반에 꿈꾸던 '과장' 직함을 얻었고 미국에서 고철을 수입해 국내에 판매하는 일을 맡게 되었습니다.

·

과장이 된 후 처음으로 미국 터코마라는 곳에 고철을 사러 갔다가 그곳에서 큰 배를 해체해 고철 덩어리로 분해하는 놀라운 광경을 목격했습니다. 당장 회사에 기획안을 올려 2차 원료인 고철보다 값싼 1차 원료인 낡은 선박을 구매해 고철로 가공하자는 제안을 했습니다. 고선박 해체 사업은 예상대로 많은 수익을 남겼고 더불어 30대 초반의 과장이었던 나는 자신감을 얻었습니다.

위기는 성공의 복선

그러나 탄탄대로일 것 같았던 사업에 어느 날 예기치 못

한 위기가 찾아왔습니다. 태풍 어빙호로 해일이 닥쳐 구매한 20만 톤급 배 네 척이 침몰한 것입니다. 고철로 가공할 원료인 선박이 침몰하며 40억 원이라는 어마어마한 돈도 바닷속으로 허망하게 사라졌습니다. 믿을 수 없는 상황 앞에서 나는 넋을 잃고 우두커니 서 있을 뿐이었습니다.

정신을 차리고 사태를 파악한 후에는 회사를 그만둬야 하는 것인가 고민되기 시작했습니다. 예기치 못한 사고였고 자연재해로 인한 것이니 사표를 쓰더라도 다른 직장으로 옮길 때 결격 사유가 될 것은 없었습니다. 단지 '운이 나빴을 뿐'이라고 이해할 수밖에 없는 상황이었으니까요.

그러나 태풍은 어찌할 수 없다 하더라도 긴급 상황에 대비하지 못했던 나의 실책을 부인할 수는 없었습니다. 결국 그대로 회사를 떠날 수 없었고, 떠날 때 떠나더라도 어떻게든 이 사태를 수습해야겠다는 결심이 섰습니다. 그리고 1년이라는 기간 동안 지옥 같은 시간을 견디며 씨름을 벌인 끝에, 물속에 가라앉은 배의 고철 덩어리를 잠수부들이 해체해 건져 올리는 난해한 작업을 겨우 마쳤습니

피할 수 없는 위기를 즐기는 방법

다. 마지막 보고서와 함께 미리 썼던 사표를 본사에 올리고 집으로 돌아와 1년 만에 처음으로 편한 마음으로 쉬었습니다.

그러나 회사에서는 사표를 수리하기는커녕 나를 두바이 해외지사장으로 발령했습니다. 지난 1년 동안의 노고가 위기관리 능력으로 새롭게 평가되었던 것입니다. 그리고 이 해외 발령 경력은 삼성GE의료기기 회사 사장으로 승진하는 연결 고리가 되었고, GE와 인연을 맺는 첫 단추가 되었으니 가라앉은 선박 사건은 새로운 전진을 위한 일 보 후퇴였던 셈입니다.

피할 수 없을 때 즐기는 법: 백지와의 대화

태풍과 함께 찾아왔던 선박 침몰 사건을 가까스로 견뎌냈다고 해서 또 다른 위기가 찾아오지 말란 법은 없었습니다. 해외 사업 본부장으로 열심히 일하고 있던 때 삼성과 GE의 합작 회사인 삼성GE의료기기의 사장으로 승진 발령이 났습니다.

그러나 말이 승진이지, 내가 지금까지 경력을 쌓아 온 분야와는 전혀 다른 분야였으며 이렇다 할 실적을 내지 못하던 사업 분야였습니다. 의료 기기 사업의 회생 가능성을 알아보고 가망이 없다면 철수한 후 본래 자리로 돌아오라는 것이 승진 발령의 속사정이었습니다. 주변에서도 빨리 사업을 정리하는 것이 상책이라고 조언했습니다.

허탈한 심정으로 집에 돌아와 노트를 펴고 내가 그 회사에서 일해야만 하는 이유를 찾아 적어 보았습니다. 안 되던 사업이니 더 나빠질 것도 없었고, 평소에 보기 힘든 의료 장비의 최첨단 기술을 배울 기회였습니다. 게다가 세계적 기업인 GE와 파트너십을 경험할 절호의 기회였습니다.

이렇게 이유를 찾다 보니 점점 하지 말아야 할 이유보다해야 할 이유가 더 많아 보였습니다. 망해 가던 회사에서일하며 지쳐 있던 연구원과 직원을 격려했고 함께 회생

방안을 연구했습니다. 그렇게 머리를 싸매고 연구하며 개선해 나간 결과, 정리 대상이던 사업은 6년간 연평균 45퍼센트의 성장률을 기록하는 우량 기업으로 뒤바뀌었습니다.

평생 하고 싶은 일만 한다면 얼마나 편하고 좋겠습니까. 하지만 세상살이가 쉽지 않은 것은 피할 수 없는 상황이 찾아오기 때문입니다. 하고 싶지 않은 일이라고 해서 도망치기만 할 수는 없습니다. "피할 수 없다면 즐겨라."라는 명언이 말해 주듯이 말입니다. 닥쳐온 위기 앞에서, 원치 않는 상황 앞에서, 고민하고 있다면 노트를 펴십시오. 그리고 "이 일의 좋은 점으로 무엇이 있을까?"라고 고민하며 계속 써 보십시오. 생각이 안 나면 생각날 때까지 찾고 또 찾아야 합니다.

스스로 받아들일 만한 이유를 발견해야만 책임감과 열정을 가지고 그 일에 임할 수 있습니다. 백지에 그 일의 좋은 점 열 가지를 적어 가며 자신과 대화를 나누십시오. 그러다 보면 왜 내가 이 일을 해야 하는지가 분명해지며 어떻게 해야 할지 깨닫게 될 것입니다. 열 가지 목록을 적어 보아도 여전히 하고 싶은 마음이 들지 않는다면, 그때 중단해도 늦지 않습니다.

생각 하나 차이

하고 싶은 마음과 하기 싫은 마음은 사실 종이 한 장 차이입니다. 그러나 그 결과는 하늘과 땅 차이만큼이나 달라집니다. 그렇기에 어떠한 마음가짐으로 임하느냐가 중요합니다. 해외사업본부장으로 일하던 중에 이란의 사업 본부를 방문한 적이 있습니다. 당시 이란은 전쟁 중이어서 사업하기에는 여러모로 여건이 좋지 않았습니다. 그래서 인지 이란의 한 주재원이 "이란만 생각하면 이가 갈리고, 골프 칠 때도 골프공을 이란 사람 머리라 생각하고 친다." 라며 혀를 내둘렀습니다. 나는 당장 그 사람을 철수시켜 야겠다고 마음먹었습니다.

모든 나라에는 오랜 역사와 그 나라만의 특징, 그리고 배워야 할 장점이 있기 마련입니다. 그런데 그런 면은 보지 못하고 나쁜 점만 본다면 어떻게 그 나라 사람을 만나며 일할 수 있겠습니까. 같은 상황에서 사업을 하더라도 좋은 면을 보는 사람과 나쁜 면을 보는 사람의 결과는 천지 차이 일 수밖에 없습니다. 그리고 좋은 면을 볼 것인가 아닌가는 말 그대로 마음먹기에 달린 것입니다.

어쩌면 나는 타고난 낙천주의자인지도 모르겠습니다. 힘든 상황을 어렵지 않게 넘길 수 있었던 것도 그 때문이 아닌가 싶습니다. 칠 남매 가정에서 장남으로 자란 나는 어려운 형편에서 겨우 공부를 해 나갔습니다. 당시에는 부잣집에 들어가 살며 아이를 가르치면 그 집에서 먹여 주고 재워 주던 가정 교사라는 것이 있었습니다. 고등학교 2학년 때부터 남의 집에 더부살이로 들어가 가정 교사를 시작했습니다.

그때 주변 사람들은 "어휴, 어린 나이에 남의 집에서 눈칫밥 먹게 생겼네. 얼마나 고생할꼬."라고 걱정했지만, 나는 오히려 신바람이 났습니다. 이전에 살던 집은 칠 남매가

100

PART 2 | 자기계발학과

한집에서 사느라 정신이 없었는데 가정교사로 들어가니 혼자서 한 방을 쓰게 되었습니다. 그뿐만 아니라 방에 전깃불도 잘 들어오니 늦게까지 공부할 수도 있고, 여름에는 방에 모기장도 쳐 주었습니다. 게다가 매일 흰쌀밥을 먹을 수 있었습니다.

물론 불편한 점이 없었던 것은 아닙니다. 똑같은 상황에서도 남의 집 더부살이의 힘든 점들만 생각했더라면 좋은 점이 많이 있음에도 스스로 불행하다고 느꼈을 것입니다. 결국 모든 상황은 어떻게 바라보느냐 하는 문제이며 종이 한 장 차이입니다.

기회를 부르는 행운아 마인드

"나는 진짜 행운아다." 이런 마인드만 있다면 어떤 일을 하든 신이 납니다. 행운아로 생각하니 즐겁고, 그러한 즐거운 마음 때문에 긍정적으로 일하게 되고, 이것은 결국 좋은 결과를 부르기 때문입니다. 그리고 그 결과는 행운아 마인드를 다시 지지해 주는 선순환이 일어납니다. 반대로 "나는 지지리도 복이 없는 사람이다."라는 불행아 마인드를 가지면 어떤 일을 하더라도 다른 사람 탓이나 운을 탓하게 됩니다.

나는 한때 사람을 채용하기 전에 "당신은 운 있는 사람입니까?"라고 꼭 물어보곤 했습니다. 그리고 스스로 운이 있는 사람이라고 생각하지 않는 사람은 채용하지 않았습니다. 생각을 어떻게 하느냐에 따라서 운이 결정된다고 믿기 때문입니다. '행운'이라는 것은 내가 노력하지 않았는데도 얻는 뜻밖의 성공을 말하는 것만이 아닙니다. 스스로 노력한 끝에 정당한 보상과 결과를 얻는 것도 행운입니다. 그리고 이러한 행운아 앞에서는 제아무리 치명적인 위기라 할지라도 성공의 구름판이 되지 않고는 당해낼 재간이 없는 것입니다.

나는 지금 인천공항에서 일하고 있습니다. 그리고 앞으로도 행운이 찾아올 것이라고 믿습니다. 전 세계인이 오고싶어 하는 공항, 전 세계 공항이 배우러 오는 공항, 대한민국 국민의 가장 큰 자랑 되는 공항, 그리고 모든 직원이 신바람 나게 일할 수 있는 공항을 만들어 가는 행운 말입니다. 혼자 꾸는 꿈은 꿈에 불과하지만 다른 사람과 함께 꾸는 꿈은 현실이 된다는 말이 있습니다. 나는 우리 직원과 함께 그 꿈을 나누고 싶습니다. 그래서 종종 금요일에 퇴근하는 직원에게 이렇게 농담을 던집니다.

"자네 얼굴이 매우 우울해 보이는데. 아, 토요일, 일요일에 회사 오고 싶어 어떡해?" 농담이기는 하지만 그렇게 직원이 신바람 나는 회사를 대한민국에 만들어 가고 싶습니다.

커뮤니케이션. 소통 능력은 현시대에 아무리 강조해도 지나치지 않을 만큼 중요한 능력 중 하나입니다. 효과적인 커뮤니케이션은 사람들 사이에 관계를 구축하고 혼자 할 수 없는 일을 가능하게 만듭니다. 나의 능력을 배로 끌어올릴 소통 도구로 우유곽 대학에서는 말하기와 네트워킹, 신뢰를 쌓는 법을 가르칩니다. 실질적인 노하우가 가득한 이번 학과 강의를 통해 삶을 변화시키는 실천이 이뤄지길 응원합니다.

PART 3

커뮤니케이션학과

상위 0.1%만 아는
스피치 노하우

TJ 워커

Media Training Worldwide CEO

"많은 연설가가 나, 나, 나, 나, 나, 나 하면서
자기 자신에 관한 이야기로
지루하게 시작하죠. 최고의 연설가는
자기 자신에 관해 이야기하지 않아요.
그들은 관객에 관해, 관객의 관심사를 이야기하면서
스피치를 시작합니다."

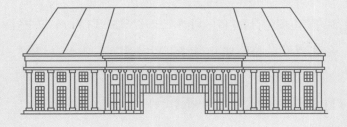

최영환: 혹시 많은 사람 앞에 서기만 해도 식은땀이 흐르는 경험을 해 본 적이 있나요? 24시간 동안 무려 112회의 인터뷰를 해 '라디오 인터뷰를 가장 많이 한 사람'으로 기네스북에 오른 TJ 워커TJ Walker도 그런 경험이 있었다고 합니다. 그는 학창 시절 스피치 수업에서 C 학점을 받은 '평범한 학생'이었죠. 그가 어떻게 미국 최고의 스피치 전문가가 될 수 있었는지 묻고자 뉴욕 맨해튼에 있는 사무실로 직접 찾아갔습니다. 바쁜 스케줄에도 TJ 워커 교수님은 흔쾌히 우유곽 대학 학생을 만나겠다고 하셨습니다.

TJ 워커 교수님은 각종 텔레비전 채널과 1,000개가 넘는

라디오 방송 출연으로 미국 내에서는 모르는 이가 없는 저명인사입니다. 특히 오바마 미 대통령의 주요 연설을 평가하고 분석한 프로그램이 CNN을 통해 방송되며 큰 화제가 되었고, 이후 《오바마처럼 말하는 법》이라는 책으로 출판되어 단숨에 베스트셀러 자리를 차지하기도 했습니다. 또한 그가 설립한 '미디어트레이닝 월드와이드'는 마이크로소프트, 골드만삭스 등 유명 기업의 CEO들과 정치인이 찾는 커뮤니케이션 교육 전문 기관입니다. 고객층도 매우 다양해서 미국의 유명 연예인부터 유럽의 정치인까지 그의 트레이닝을 거쳐 간 사람만 수천 명에 이른다고 합니다.

TJ 워커 교수님을 직접 만나 보니 왜 그토록 명성이 자자한지 알 수 있겠더군요. 그의 뛰어난 스피치 실력에 어느새 빨려 들어가 있는 저를 발견할 수 있었습니다. 누구라도 그의 이야기에 푹 빠지지 않고는 당해낼 재간이 없을 것입니다.

그러나 지금의 기네스 기록 보유자는 타고난 재능 덕이

아니라고 합니다. 꾸준한 노력과 훈련을 통해 만들어진 결과이죠. 그러니 달변가로 변신할 가능성은 우리에게도 충분히 있습니다. 게다가 최고 스피치 트레이너 TJ 워커 교수님과 함께라면 더더욱 말입니다.

TJ 워커: 현재 전 세계적으로 가장 돋보이는 영어권 연설가 두 명이 있다고 봅니다. 먼저 제가 영어권 연설가만 잘 알고 있는 점에 대해 양해 말씀 드립니다. 저는 버락 오바마와 영국 총리였던 토니 블레어를 꼽아요. 특히 토니 블레어를 최고로 여기고 있습니다.

세상에서 가장 말 잘하는 사람

그의 스피치는 언제나 호소력이 넘쳐 나죠. 이성과 지성, 그리고 감성과 감정을 가지고 이야기합니다. 그의 시선 처리부터 몸동작, 말의 흐름까지 모든 것이 연결되죠. 또 다이애나비가 죽고 온 국민이 비통해할 때, 국회에 아주 중요한 발표가 있어 분위기가 경직될 때 아주 시의적절한 스피치를 합니다. 그런 점 때문에 그의 스피치를 가장 좋아하게 되었어요. 미국의 정치가 중에는 전 대통령 버락 오바마와 빌 클린턴을 꼽을 수 있죠. 제 생각으로는 빌 클린턴이 더 나은 것 같아요. 하지만 현재로선 상징적으로 오바마를 꼽는 편도 의미가 있다고 봅니다

TJ Walker: On the world stage today, I think two really stand out in English speaking world and forgive me I'm really only familiar with English speakers. But Barack Obama and former English, British prime minister, Tony Blair. And I really place Blair at the highest to me.

Who is the number one speaker in the world?

He is consistently eloquent, he speaks with the head, the intellect and the heart and the emotion, everything from this eye contact, his body gestures, and the fluidity of how he speaks, everything seems to connect. He is always appropriate regardless whether it's minutes after Princess Diana has been killed, or important presentation to the parliament, to me he is my favorite. In the United States political scene today of living politician, I would say Barack Obama and Bill Clinton. And I actually think Bill Clinton is better. But at this point, I believe there is some significance in symbolically choosing Obama.

오바마 vs. 부시

소크라테스가 말하길 "훌륭한 연설가는 세 가지를 항상 염두에 두어야 한다. 첫째, 무엇을 말할 것인가. 둘째, 어떻게 말할 것인가. 셋째, 말하는 나는 어떤 사람인가."라고 했어요. 많은 사람이 오바마를 보며 흥분하는 이유는, 그가 사회 특권을 누리지도 않았고 멋진 이름을 가진 것도 아니기에 사람들이 그와 더 쉽게 연결을 짓기 때문이에요. 그러니까 "그래, 나도 당장 내일 미국에 날아간다면,

내 아들도, 내 딸도 대통령이 될 수 있어."라고 생각할 수 있는 거예요. 그런 면이 오바마 스피치가 전 세계 많은 사람에게 감동을 주는 이유이죠.

또 다른 이유는 오바마와 부시 전 대통령의 화술 차이에서 나와요. 부시 대통령의 어조는 강경했죠. 그는 "내 길이 곧 진리이고, 죽든지 살든지, 우리는 세계에 별로 관심 쏟지 않는다. 우리는 미국인이다! 우리가 가장 강력하다. 우리는 우리 마음대로 할 것이다. 마음에 들지 않는다면, 알아서 힘들게 살든지!"라는 식이었으니까요.

그런데 오바마가 나와서 "미국은 세계와 함께 일하기를 원합니다. 우리는 세계 질서를 존중합니다. 우리는 모든 나라와 파트너가 되고 싶습니다."라고 했을 때 많은 사람이 놀라면서도 안도의 한숨을 쉬었을 거예요. "이제야 이래라저래라하는 미국 카우보이들이 사라졌구나."라고요.

상위 0.1%만 아는 스피치 노하우

Obama vs. Bush

Socrates wrote a thousand of years ago "The essence of being a good speaker is always about three things 1) What you are saying 2) How you are saying 3) Who you are in character of a person." And a lot of people are I think, around the world excited about Barack Obama, here's someone didn't grow up with all the privileges of society, not the perfect name, and therefore people can relate to him. Because a lot of people say "Wow, I could move to America tomorrow and my son can be a president, I mean my daughter can be a president." So that's part of why I think he is inspirational to people around the world.

Part of it is just the contrast between his rhetoric versus the preceding president, Bush. Bush was "My way or the high way, dead or alive, and he really went a message to the world drop-dead, we don't really care about you. We are Americans, we're the strongest. We are gonna get whatever we want. If you don't like it, tough!"

So when Obama comes on and says "We wanna work with the world. We respect the world. We wanna be world partners." It struck a lot of people with such a relief. "Thank goodness we don't have these American cowboys telling us what."

스피치를 잘하기 위한 가장 좋은 방법

시작하는 사람에게 가장 좋은 방법은 비디오를 보면서 훈련하는 거예요. 인터넷이 연결되지 않아도 괜찮아요. 비디오를 녹화하는 핸드폰을 사용해도 돼요. 유창하게 말할 수 있는 가장 좋은 방법은 말하는 것을 연습하는 거예요. 말하는 것을 연습하고, 자기가 녹화한 내용을 직접 모니터링 해보세요. 만약 자기가 한 것을 봤는데 마음에 들지 않는다거나 지루하다고 생각된다면, 지루한 스피치를 한 것이죠. 자

상위 0.1%만 아는 스피치 노하우

신의 스피치가 마음에 들 때까지 계속해서 연습하세요.

그렇게 비싸지 않은 비디오 카메라나 휴대전화가 있다면, 이것이 바로 누구나 어디서나 할 수 있는 가장 좋은 방법이에요. 만약 촬영이 부담된다면 자기 목소리를 녹음해서 들어 보세요. 이렇게 연습하면 정말 좋아질 것입니다.

The actual tips for young Korean adults could learn to speak better

For starters, the number one thing people can do is practice with a video. You don't have to have internet connection. You can use the average personal phone that records video. So the number one way you can get better as a speaker is actually practice speaking. Just practice speaking and watch yourself. If you don't like it, if you think you are boring, chances are you are boring. Keep practicing until you like what you see.

That's the number one thing anyone can do anywhere in the world. If they can only afford $40 video camera or cell phones that captures it. If you feel uncomfortable filming yourself, try recording and listening to your own voice. And then listen to it. That's the number one thing anyone can do to get a lot better.

사람들 앞에만 서면 떨리는 당신에게

사람들 앞에 섰을 때 떨리는 이유는 알지 못하는 데에서 오는 두려움 때문이에요. "혹시 사람들이 지겹다고 느끼면 어쩌지? 혹시 내가 바보같이 보이거나, 지금 떨고 있는 것이 보이거나, 두려워하는 것이 보이면 어쩌지?"라는 두려움이 있는 거예요. 이 모든 두려움은 당연해요. 왜냐하면 지겹다고 느낄 수도 있고, 떨고 있다고 보일 수도 있거든요. 이런 심리적 부담은 연습하면 충분히 개선할 수 있어요. 다시 말하지만, 해결책은 녹화하면서 연습하면 된답니다.

상위 0.1%만 아는 스피치 노하우

The best way to overcome stage fright

The reason why you are nervous because you are afraid of the unknown. You are afraid that you might be boring to people, you are afraid that you might look stupid or nervous, or scared. Those are all legitimate fears. Because you might be boring, you might look scared. This kind of psychological stress can be greatly improved with practice. Again, the solution to that is video tape yourself.

최고의 스피커와 최악의 스피커 사이의 차이점

다음 단계는 전달하고 싶은 사항을 좀 줄이는 거예요. 한국 학생이 겪는 실수는 성공한 미국 사업가나 유럽 정치인이 겪는 실수와 똑같아요. 저는 그 모두와 일해 봤기 때문에 잘 알죠. 많은 사람이 너무 많은 사실, 너무 많은 숫자, 너무 많은 정보, 너무 많은 요지를 말해요. 그건 그냥 듣는 사람을 정보의 바다에 빠뜨리는 것이죠.

최악의 연설가는 전 세계 어디에나 있어요. 한국에 있는 열네 살 학생이든지, 여든 살 정치인이든지, 최악의 연설가는 같은 실수를 해요. 너무 많은 메시지를 전달하려고 하는 것이죠. 기억에 남을 만한 예시, 예화, 사례 연구도 준비하지 않죠. 이것이 크나큰 차이점입니다. 이것이 바로 버락 오바마, 토니 블레어, 로날드 레이건과 같은 최고의 스피커가 깨달은 점이에요. 손에 잡힐 만큼의 생각만 전하라! 그런 다음에 사람들이 그 내용을 잘 기억할 수 있도록 예시와 예화와 자료를 들어서 부연 설명을 하는 거예요. 이것이 최고의 연설가와 최악의 연설가 사이의 차이입니다.

The biggest difference between great speakers and awful speakers

The next step for really getting better is you have to

narrow down number of ideas you wanna communicate. The mistakes that Korean students make are the same mistakes that successful American business men make.

And they are the same mistakes that European political leaders make, I know because I work with all of them. And that is, they try to communicate way too many facts in a speech, way too many numbers, way too many data bases, way too many bullet points. And that just drowns people in a sea of data.

And what great speakers realized, what Barack Obama realizes and what Tony Blair realizes, Ronald Reagan is, that you have to narrow the number of ideas down to just to handful. Then you gotta spent time giving examples, telling stories, giving case studies to flash it out. So people can remember your idea. That is the biggest difference between great speakers and awful speakers.

Awful speakers are exactly in all over the world. Whether

they are students in Korea, 14 years old whether they are 80 years old politician running for parliament, awful speakers all make the same mistakes. They communicate too many message points. And they don't have examples, stories and case studies to make it memorable. That's the big big difference.

최고의 연설가가 말하는 방식

최고의 연설가는 말하는 스타일이 조금씩 다르지만, 대체로 비슷한 점이 굉장히 많아요. 그들은 절대로 자기가 원하는 것에 초점을 두지 않고 관객에게 관심을 두죠. 그들은 서너 개, 많으면 다섯 개 정도의 요지를 두고 메시지를 좁혀 나가요. 그리고 예화와 사례 연구를 통해서 모든 중요한 점들이 살아나게 하죠. 그들은 파워포인트에 있는 요점이나 써 놓은 원고를 읽어 나가지 않아요. 관객과 소통하는 것이 스피치에서 가장 중요하다는 것을 이미 알기 때문입니다. 그래서 관객과 눈을 마주치는 것이 굉장히 중요한 거예요.

많은 사람이 빌 클린턴이 말을 참 잘한다고 합니다. 만약에 그를 직접 봤더라면 그의 스피치가 강력한 힘이 있다는 것을 알게 될 거예요. 그 이유 중 하나가 바로 눈 맞추기입니다. 스피킹에는 세 가지의 눈 맞추기가 있어요. 전 세계 사람 5퍼센트는 절대로 관객의 눈을 보지 않아요. 그들은 미리 적어놓은 원고를 보거나, 스크린을 보거나, 관객의 머리를 보거나, 반대편 벽에 걸려 있는 시계를 보면서 하죠. 다음 94.9퍼센트의 사람들은 관객을 보기는 하는데, 자동차 와이퍼처럼 두리번거리면서 봐요. 그들은 관객을 한 뭉치로 보면서 "오셔서 감사합니다."라고 해요. 절대 한 사람 한 사람을 바라보지 않아요. 그래도 노트만 뚫어져라 쳐다보는 첫 번째 그룹 사람보다는 훨씬 낫긴 해요.

상위 0.1퍼센트는 특별한 눈 맞추기를 해요. 이것이 바로 빌 클린턴의 비법이기도 하죠. 저희 직원 중에 한 사람이 백악관과 캠페인 본부에서 빌 클린턴과 같이 일을 했던 적이 있어요. 하루는 클린턴이 사람들과 함께 카드 게임을 하고 있을 때, 제 직원인 앤디가 클린턴에게 물어봤답니다. "대통령 각하, 이번에도 해내셨네요. 오늘 스피치에서 대통령께서는 그 많은 사람을 휘어잡으시던데, 어떻게 하면 그럴 수 있나요?" 그러자 클린턴은 이렇게 답했대요. "앤디, 아주 간단해요. 나는 절대로 수천 명의 사람을 상대로 이야기하지 않아요. 나는 관객 중에서 단 한 사람을 골라 그 사람과 일대일로 대화해요. 그러고 나서 또 다른 사람을 한 명 골라 그 사람과 또 일대일로 대화하는 거예요. 그러고 나서 다른 사람을 또 한 명 골라 그 사람과 대화를 하고, 한 명당 8초 정도 그렇게 해요."

The way a great speaker speaks

Great speakers have different styles but for the most part, great speakers are all very much alike too. In that, they focus on what their audience want not just what they want. They narrow their message down to three, four, or most five key points. And they really make all points

123
상위 0.1%만 아는 스피치 노하우

come alive through example, through stories, through case studies before they go to the next one. And they realize the speech is not about the bullet points up here, it's not about you reading text, you have to connect with your audience member. So things like eye contact are very important.

So a lot of people say they like Bill Clinton as a speaker. And if you ever seen him in person, he has a very powerful impact. Part of it is the eye contact. There are three types of eye contact in the world when it comes to speaking. There is the bottom 5% of the speakers, they never look at their audiences, they stare at their notes, they stare at their screen or they look over people's heads, look at a clock. There's the next 94.9% of speakers, they are looking at their audience but they are looking at it almost like a windshield wiper. They are looking at them as a whole "Glad you are here today, Thank you so much for coming" they never really look at just one person. And that's better than the first group staring at notes.

But there's something very different at the top 0.1% of speakers. What they do? That's what Bill Clinton does. One of my trainers used to work with Bill Clinton in the white house and on the campaign trails. They were sitting, playing poker one night and my trainer Andy said "Mr. President you did it again. You had ten thousand people in the palm of your hand with that speech today. How did you do it?" and the president turned and said "Andy, it's very simple, I don't talk to ten thousand people. I pick one person in the audience and I have a private one on one conversation with that person. And then I pick another person in the audience and I have a private conversation and I mix it up. And I'm only looking at any one person for about 8 seconds."

상위 0.1%만 아는 스피치 노하우

최고의 연설가가 되려면

이것이 바로 큰 차이를 만들어내는 거예요. 만약 방에 50명 이하의 사람이 있다면, 여러분은 한 사람 한 사람 다 쳐다볼 수 있어요. 그러면 관객은 "와, 이 사람이 정말 나에게 말을 하고 있구나."라고 생각하게 되죠. 누군가 당장 하라고 말한다고 해서 할 수 있는 일은 아니지만, 또 절대 할 수 없는 어려운 일도 아니에요.

타이거 우즈가 홀인원을 치는 골프 레슨을 해 준다고 하더라도 홀인원은 정말 어렵죠. 만약에 내가 여러분에게 세계 최고의 바이올리니스트가 될 수 있는 레슨을 한다고 하면, 일단 저는 바이올린을 켤 줄 모르지만, 안다고 하더라고 정말 힘들었을 거예요. 덩크슛을 하는 것도 굉장히 힘들죠. 하지만 한 사람당 8초 동안 쳐다보는 것은 그렇게 힘든 일이 아니에요.

단지 집중하고 생각해 보면 돼요. 이것이 저를 들뜨게 해요. 절대로 천부적인 소질이 필요하지 않아요. 세계 최고의 화가가 되고, 세계 최고의 바이올리니스트나 운동선수가 되려면 약간의 유전적인 운과 20년 동안 매일 16시간씩 연습해야 하는 결단력도 필요해요. 하지만 최고의 연설가가 되려면 이런 것들을 하지 않아도 돼요. 왜냐하면 사람들 대부분은 최악이기 때문에, 여러분이 조금만 잘해도 굉장히 두드러져 보이죠.

To be best speaker

But that's the difference. You can go around the room, if it's 50 people or fewer, you can look at every simple person. And they feel like "Wow he really spoke to me." But this is something anyone can do. It's not easy in the sense of just hearing someone saying you do it like that. But it's also not a hard skill.

The way Tiger Woods wants to give a golf lesson on how to hit a hole in one, that's really hard. If I try to teach you

127

상위 0.1%만 아는 스피치 노하우

how to be a world class violinist, number one, I don't even know how to do it, but even if I did, it's really really hard. Learning how to dunk a basketball, it's really really hard. But looking at someone for 8 seconds is not that hard.

It just requires focus and thinking about it. To me that's what's so exciting about. It doesn't require any innate skills. Being a world class painter, world class violinist or an athlete, that typically requires just some genetic luck along with sheer determination of work 16 hours a day for 20 years. You don't have to do that to be a great speaker. Because most people are so awful, if you just do a little bit better, then you will really stand out.

관객의 마음을 꿰뚫어 보는 것

최고의 연설가는, 연설가란 관객의 마음을 알아야 한다는 사실을 자각하고 있어요. 관객은 절대로 "오늘 레이첼 스피치가 형식적이었으면 좋겠네.", "오늘 TJ 스피치가 딱딱했으면 좋겠네."라고 생각하지 않아요. 그들은 스피치가 형식적이냐 아니냐에 대해서는 절대로 생각하지 않아요. 그들은 오로지 "이 사람이 흥미롭고 유용한 정보를 줄까? 아니면 지루하고 쓸데없는 정보를 줄까?"라고 생각해요.

이것이 유일하게 관객 머리 안에서 드는 생각이에요. 제가 책에도 쓴 최고 연설가의 가장 큰 비밀은 이것이죠. 관객에게 모든 관심을 두지 절대로 발표하는 사람에게 초점을 맞추지 않아요.

많은 연설가의 실수는 자신의 관점으로 스피치를 시작하는 것이에요. "좋은 아침입니다. 소개해주셔서 감사합니다. 들으셨다시피 저의 타이틀은 이것이고요, 저의 이름은 아무개입니다. 저는 이 일을 20년 동안 했습니다. 본론으로 들어가기 전에, 여러분이 절대로 신경 쓰지 않는 지루한 우리 회사 약력을 좀 알려 드리도록 하겠습니다. 그다음에는 여러분이 전혀 관심이 없는 제가 다녀온 나라들에 대해서 말씀드리겠습니다. 여기에 와서 참 기쁩니다." 왜 관객들이 당신이 여기에 와서 기쁜지 신경을 쓸 거라고 생각하세요?

많은 연설가가 나, 나, 나, 나, 나, 나 하면서 자기 자신에 관한 이야기로 지루하게 시작하죠. 최고의 연설가는 자기 자신에 관해 이야기하지 않아요. 그들은 관객에 관해, 관객의 관심사를 이야기하면서 스피치를 시작합니다.

Taking the mindset of your audience

From what great speakers realize is that you have to take the mindset of your audience and your audience is never think "Wow, I hope Rachel is formal today, I hope TJ is formal today," they are not thinking I hope he gives a formal speech or informal speech. The only thing the audience is ever thinking about is "Is this person interesting and giving me useful idea? Or is this person boring giving me idea of no interest to me."

That's the only thing going on the audience's mind. So one of the big secrets that I've talked about in this book is great speakers, you have to focus on what is the interest to your audience, focus on them, not just you.

Most speakers make the mistake of getting up and talking just about themselves. "Good morning, thank you for that nice introduction, as you heard my title is this, and my name is this and I've done this for 20 years. Before we start today, let me tell you about the boring history of my company that you don't care about. And then let me tell you about all the countries were in that you don't care about. And I'm very happy to be here today." Well, why do you care about I'm happy to be here today?

So most speakers start off a speech in a boring way where it's me, me, me, me, me, me. Great speakers don't talk about themselves when they start. They talk about the audience, what's of interest to the audience members and that's what I stress out.

말할 모든 기회를 잡아라

말할 모든 기회를 다 살리세요. 반에서 손들고 선생님에게 질문하는 것도 돼요. 대부분은 겁을 먹으며 "수업 끝나면 선생님께 가 일대일로 질문해야지."라고 생각해요. 그들은 간단하게 손을 들어 30명 앞에서 이야기하는 것을 두려워하죠. 말할 모든 기회를 다 잡아서 연습하다 보면, 조금씩 발전할 수 있습니다.

Taking every opportunity

Take every opportunity you can to speak and that can include just asking question in a classroom. A lot of people are scared, intimidated, "I will ask the teacher one-on-one after class" and they're too nervous to simply raise their hand and speak in front of 30 other people. Use every opportunity you can to speak and it makes you a little bit less nervous next time.

훌륭한 스피커는 타고나지 않는다

저는 모든 사람이 최고 연설가가 될 수 있다고 생각합니다. 절대로 천부적인 소질이 필요하지 않아요. 미국 역사상 가장 영향력 있고 유명한 스피치를 한 마틴 루서 킹 주니어는 대학교 다닐 때 대중 연설 수업에서 C 학점을 받았어요. 정말 평범했죠. 하지만 그는 계속 노력했기에, 20세기 가장 중요하고 영향력 있는 스피치를 했어요.

그래서 스피치는 배우고 싶다면 틀림없이 배울 수 있는, 인생에서 몇 안 되는 것이죠. 또 최고가 되고 싶다면 틀림없이 해낼 수 있기도 합니다. 저는 기타를 배우려고 했어

상위 0.1%만 아는 스피치 노하우

요. 비디오도 사고 연습도 했지만, 기타를 치지 못해요. 이유야 어찌 되었든 간에, 저는 할 수 있는 소질이 없었어요. 하지만 누구나 최고의 연설가가 될 수 있어요. 모든 사람이 글쓰기를 배우지만, 모든 사람이 유명한 소설가가 되지는 않아요. 하지만 모든 사람이 글로 자기 생각을 전달하는 것을 배우죠.

모든 사람이 말하기를 배울 수 있어요. 생각해 보면, 말하기는 글쓰기보다 쉽다고 할 수 있어요. 왜냐하면 모든 사람이 글쓰기는 정식 교육을 받은 적이 있죠. 하지만 사람들 대부분은 말하기는 정식 교육을 받은 적이 없어요. 약간의 교육만 받는다면, 여러분은 다른 누구보다 더 특출하게 잘할 수 있습니다.

Anybody can be a great speaker

And also realize anybody can be a great speaker. It doesn't require any innate talent. Some of the most powerful speakers and most famous people in history in United States, Martin Luther King Jr. He got a grade of C in public speaking class when he was in college, completely average and yet, he went on to give some speeches that many Americans consider the most important, influential speech of entire 20th century. And he got a C in public speaking class. Completely average.

So this is one of the few things in life, where if you wanna learn how to do it, you definitely can. If you wanna be great at it, you can. I try to learn the guitar, I had video, I practiced, I couldn't do it. For whatever reason, I don't have the talent to do it. But anybody can learn to be a great speaker. So that's what I want your audience to realize that anyone can speak in the same way, anyone can learn how to write, maybe not everyone can learn to be a great novelist but everyone can learn how to communicate through wring.

Anyone can learn how to speak, and on some ways, speaking well is easier than writing well because when you're competing with the writing, everyone got years of formal instruction on how to write. Most people never get nay instruction on how to speak so if you get a little bit of instruction you can stand out as much much better form any one else.

나를 성장시킬
인맥 만들기

양광모
휴먼네트워크연구소 소장

"거래처에 문서를 보낼 때 그냥 보내는 사람이 있는가 하면
간단한 격언이나 메시지를 초콜릿이나 사탕과 함께 보내는
사람이 있습니다. 어떤 거래처든지 후자에게 감동하고
계속해서 그 사람과 거래하려고 할 것입니다."

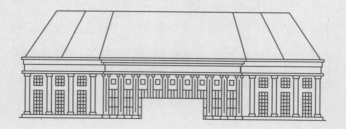

최영환: 우리는 혼자서 살아갈 수 없는 존재입니다. 다양한 배경과 경험을 가진 사람들과의 인맥은 새로운 지식을 얻을 수 있는 좋은 기회를 제공합니다. 알고 보면 제갈공명이 세상으로 나와 능력을 펼친 것도 유비와 수어지교의 관계를 맺었기 때문이었죠. 인간관계에 대해 강의해 주실 양광모 휴먼네트워크연구소장님은 '인간관계'를 제대로 형성하지 못한다면 다른 뛰어난 조건을 모두 갖추었더라도 성공하기 어렵다고 강조합니다. 이것은 양광모 교수님이 직접 인간관계의 실패로 뼈저린 아픔을 겪으며 쌓은 삶의 통찰입니다.

SK텔레콤 노조위원장, 도서출판목비 대표 등 굵직굵직
한 경력을 쌓아온 양광모 교수님은 지자체 선거에서 낙
선하고 여러 번 사업 실패를 겪으며 깊은 회의에 빠졌다
고 합니다. 남들보다 더 열심히 노력하며 살아왔기에 실
패를 받아들이기가 더욱 어려웠습니다. 도대체 원인이 무
엇일까 고민하던 양 교수님은 고심 끝에 뜻밖의 깨달음을
얻었습니다. 성공도 실패도 모두 인간관계에 달려 있다는
것이었습니다.

이 깨달음을 계기로 본격적으로 인간관계 연구를 시작했
고, 지금은 여러 계층을 대상으로 인맥 포럼과 아카데미
를 운영하며 청와대·방송국·대기업 등에서 초청하는 '휴
먼네트워크 전문가'가 되었습니다. 또한 해마다 그가 개
최하는 '인맥 페스티벌'은 대한민국에 새로운 인맥 형성
의 장 역할을 하고 있습니다.

사람들은 외향적인 사람이 인간관계를 잘 형성한다고 생
각합니다. 그러나 인간관계는 성향의 문제가 아닙니다. 타
인에 대한 관심이 있느냐 없느냐에 달린 것입니다. 타인

에게 따뜻한 관심을 가질 수 있는 마음, 그리고 누구와 있어도 자연스럽게 어우러질 수 있는 '친화력'이 인간관계의 핵심이라 할 수 있습니다. 양광모 교수님께 어디에나 잘 녹아드는 '친화력'을 배워 봅시다.

양광모: 제가 처음부터 인간관계에 관심이 있었던 것은 아닙니다. 젊었을 때 대기업에 들어가 나이 서른에 노동조합 위원장을 했습니다. 열심히 일해 이듬해 재선거에 당연히 당선될 줄 알았으나 떨어졌죠. 1년 뒤 자의 반 타의 반으로 퇴직하고 출판사와 인터넷 사업을 시작했으나 성공하지 못했습니다. 그리고 2002년 지방자치 선거에 나갔다가 낙선했습니다. 그 후 부동산 회사를 설립하고 자회사를 여섯 개까지 확장했으나 그것도 마지막에는 사업을 접어야 했습니다.

인간관계는 행복이다

이러한 녹록지 않은 사회생활을 겪으면서 제가 느낀 것은 지금 사회에서 강조하는 꿈, 열정, 창의력 등이 중요한 성공 요인이기는 하지만 그것만으로는 안 된다는 것이었습니다. 인생의 성공과 실패는 인간관계에 달려 있음을 그제야 깨달은 것이죠.

가만히 생각해 보면 인생의 궁극적인 목적은 행복인데, 바로 이 행복이 인간관계에 달려 있습니다. 가정과 주변 사람과 관계가 행복해야 진짜 행복할 수 있죠. 주위에서 회사 생활이 힘들다는 불평을 자주 듣습니다. 그 불평을 가만히 듣다 보면 회사에 주어지는 일이 힘든 것보다 인간관계가 힘든 것이 대부분입니다. 일이 아무리 많고 힘들어도 함께 일하는 사람과 관계가 좋으면 일도 그만큼 재밌고 행복을 느낍니다.

당신 영화에 출연할 3,500명

자칫 잘못 생각하면 인맥을 비즈니스에 도움을 받는 관계로 국한해 해석하는 경우가 많습니다. 그렇게 되면 인간관계가 계산적이거나 이기적으로 변하기 쉽습니다. 수많은 사람이 이러한 실수를 저지르죠.

사회학자 솔라플의 조사에 따르면, 한 사람이 평생 3,500명과 중요한 관계를 맺고 산다고 합니다. 이 숫자는 지속적인 관계는 아니지만 서로 영향을 주고받는 사람을 의미합니다. 인맥이라는 단어를 넓게 해석해야 합니다. 내가 태어나서 죽을 때까지 서로 영향을 주고받는 관계가 바로 인맥이죠. 그렇다면 3,500명이 누구냐에 따라 우리 인생은 달라집니다. 그래서 인맥 관리를 단순한 성공 관리라 생각하면 안 되고 인생 관리, 나의 삶 관리라고 생각해야 합니다.

인생은 내가 주인공인 한 편의 영화입니다. 스쳐 지나가는 사람은 엑스트라, 주인공은 나. 그리고 3,500명의 조연이 있습니다. 어떠한 조연 배우가 출연하느냐에 따라 내 인생 영화가 달라집니다. 그렇기에 인맥 관리는 "내 인생에 출연해주세요."라고 말하면서 무명 감독이 좋은 배우를 섭외하러 다니는 과정입니다.

인연을 관계로 만드는 키워드: 노력

좋은 배우를 섭외하려면 그만큼 노력이 필요합니다. 사람과의 만남은 인연이지만 관계는 노력입니다. 모든 인간관계는 노력입니다. 세상에서 가장 가까운 부부 관계도 관계를 유지하려면 대화를 많이 하는 등 노력이 필요합니다. 하물며 다른 사람과 맺는 관계는 어떻겠습니까. 사람은 이 단순한 진리를 알면서도 노력하지 않습니다.

인맥 관리를 어렵게 생각할 필요는 없습니다. 인연으로 만난 많은 사람에게 노력을 쏟으면 그때부터 관계가 맺어집니다. 학교에서 수업을 같이 듣는 사람, 동호회 모임이나 회사 일 때문에 만나는 사람 등 인연으로 만난 사람이 우리를 둘러싸고 있습니다. 우리는 노력만 하면 됩니다. 그렇다면 어떠한 노력을 하면 되는지 세 가지로 나누어 설명해 드리겠습니다.

노력 하나: 무조건 만나라. 통계적으로 일흔 명을 만나면 다섯 명과 알고 지내고, 그중 한 명과 지속적인 관계를 맺는

다고 합니다. 이 말은 좋은 인맥을 만들려면 그만큼 사람을 많이 만나야 한다는 것이죠. 취미가 같은 사람의 만남, 같은 종교를 가진 사람의 만남, 학교와 학원에서의 만남 등 최대한 많은 사람을 만날 기회와 장소에 자신이 노출되도록 노력해야 합니다.

노력 둘: 369 법칙. 인간관계에서 흔히 말하는 법칙 중에 369 법칙이 있습니다. 사람을 세 번 정도 만나야 잊히지 않고, 여섯 번 만나면 마음 문이 열리고, 아홉 번 만나면 친근감이 느껴진다는 법칙이죠. 사람은 인간관계를 위한 노력에 단기 투자를 선호하며 실제로 단기 노력만 합니다. 그러한 인간관계는 사회생활에서 2~3개월이면 다 끊어집니다.

많은 사람을 만나려고 노력했다면 그 사람 중 몇 사람을 여러 번 만날 수 있도록 노력하세요. 처음에는 어색했던 관계가 만날수록 서로 마음 문을 열게 되는 것을 느낄 것입니다. 생각해 보세요. 초등학교, 중학교, 고등학교 때 같은 반이 된 친구만 꾸준히 알고 지내도 우리는 다

144

PART 3 | 커뮤니케이션학과

양한 분야에 어마어마한 인간 네트워크를 형성할 수 있습니다.

노력 셋: 감동을 주는 최고 노하우. 사람의 만남에서 감동을 주는 3단계 노하우는 다음과 같습니다. "기대감을 형성하라. 기대하는 대로 행동하라. 기대 이상으로 행동하라."

모든 사람은 사람을 만나기 전에 먼저 상대방에 대한 기대감을 가집니다. 소개팅 자리가 그러하고, 친숙한 동창회 모임 때 이번에는 어떤 동창이 나올까 기대하는 것도 다 상대방에 대한 기대감 때문이죠. 인간관계에 기대감은 매우 중요한 요소입니다. 여기서 중요한 것은 기대 이상으로 행동하는 것입니다. 기대치만큼 반응하면 관계가 유지되는 정도지만, 조금만 더 반응하면 사람은 감동을 받습니다. 이것은 평소 무뚝뚝한 사람이 예상외의 말을 할 때 감동하는 것과 같습니다. 우리가 생일 때 서프라이즈 파티를 하는 것도 같은 이유죠.

이 감동을 주는 노하우는 사회생활 할 때도 적용됩니다.

나를 성장시킬 인맥 만들기

거래처에 문서를 보낼 때 그냥 보내는 사람이 있는가 하면 간단한 격언이나 메시지를 초콜릿이나 사탕과 함께 보내는 사람이 있습니다. 어떤 거래처든지 후자에게 감동하고 계속해서 그 사람과 거래하려고 할 것입니다. 이렇게 기대감 이상으로 행동하는 방법은 조금만 고민하면 주위 어디에서든 찾아볼 수 있습니다.

기대감을 최고로 형성하는 법

앞에서 언급했지만, 기대감은 인간관계의 중요한 키워드입니다. 그럼 어떻게 하면 이런 기대감을 상대방에게 심어줄 수 있을까요? 대부분 상대방이 전문성을 가지고 있으면 기대감을 가집니다. 어느 분야의 전문가라면 자연스레 주위에 사람이 모이지요. 하지만 상대적으로 나이가 어릴수록 이러한 전문성을 가지기는 힘듭니다. 집이 엄청나게 부자이거나, 부모님이 사회에서 매우 인지도가 있거나, 배우 뺨치게 잘생기고 누구나 알아주는 학벌에 대기업에 다니는 경우를 제외하면 젊다는 것 말고는 다른 기대감을 형성하기 힘듭니다.

그렇다고 좌절할 필요는 없습니다. 현재 자기 위치보다 더 큰 기대감을 형성할 방법은 꿈과 비전을 가지는 것입니다. 지금 비록 초라해 보여도 어떠한 꿈과 희망을 가지고 있느냐는 다른 사람에게 중요한 기대감을 심어 줍니다.

대학생 세 명을 만났다고 합시다. 다들 자신의 미래를 이야기하는데, 한 사람은 꿈이 없다고 이야기하고 다른 한 사람은 세계 여행이라고 하고 나머지 한 사람은 사회 혁신을 가져올 창업가가 되는 것이라고 이야기합니다. 말만 들어도 세 사람에 대한 기대감이 달라지지 않습니까? 그 사람이 지닌 꿈과 비전이 얼마나 가치 있느냐에 따라 사람들 기대감은 180도 달라집니다.

꿈의 명함

저는 인맥의 크기를 꿈의 크기라 생각합니다. 예전에 인맥 페스티벌 행사를 치른 적이 있습니다. 거기서 열여섯 살, 여자고등학교 2학년을 만났죠. 그 친구가 명함을 줬는데 그 명함에 자신을 미래의 여성 CEO라고 소개한 문구가 적혀 있었습니다. 고등학교 2학년이 명함을 만든 것도 기특했지만 자신의 꿈을 거기에 적어 놓으니 저도 그 친구를 고등학교 2학년이 아닌 여성 CEO처럼 대하게 되더군요. 저는 그 친구가 꼭 성공할 거라고 봅니다.

저는 대학교에 강의하러 갈 때 대학생에게 명함을 꼭 만들라고 명령하다시피 권합니다. 실제로 제 이야기를 듣고 명함을 만든 대학생도 꽤 있어요. 그중 한 대학생 명함을 봤는데 명함 뒷면에 24개의 일이 적혀 있더군요. 뭐냐고 물어봤더니 앞으로 자신이 이룰 일을 적어놓은 거래요. 그 친구 얘길 듣고 제 가슴이 뛰었습니다. 저는 아직까지도 그 친구와 연락하고 있습니다.

휴대전화가 최고의 인맥 관리 도구다

처음에는 잘 모르지만, DB 관리가 인맥 관리 50퍼센트 이상을 차지합니다. 우리가 24시간 휴대하고 다니는 휴대전화는 이러한 DB를 관리하는 훌륭한 도구입니다. 휴대전화 그룹명에 새 인맥 그룹명을 만드세요. 처음 만난 사람을 그곳에 저장하고 2~3개월 동안 연락을 주고받으면서 각인이 되고 친숙해지면 그때 카테고리를 변경하면 됩니다.

언제든지 휴대전화를 보면서 새 인맥을 검색해 보면 최근에 내가 몇 명을 만났다는 인맥의 수적인 목표 관리가 됩니다. 내가 연락을 취했다거나 안 했다거나 누굴 만났다거나 못 만났다거나 같은 문제를 바로 확인이 가능하고 스스로 점검할 수 있습니다. 처음에는 귀찮겠지만 꾸준히 습관을 들이면 매우 좋습니다. 다시 한번 기억하세요. 인간관계는 노력이라는 것을.

아울러 친맥 그룹명도 만들 것을 권합니다. 친맥 그룹은

이번 달에 관심 가질 사람, 생일이 속한 사람이나 최근 들어 연락이 뜸했던 사람을 모아서 체계적으로 관리하는 그룹명입니다. 한 달, 두 달, 1년을 하다 보면 당신은 주위 사람을 잘 챙기고 관심을 가지는 따뜻한 사람으로 정평이 나 있을 것입니다.

가장 가까운 사람에게
답이 있다

안성기

영화배우

"어쩌다 보는 사람보다는
지금 곁에 있는 사람에게 신뢰를 얻을 수 있도록 최선을 다해야 해요.
그렇게 되면 삶에 모든 것이 우러납니다."

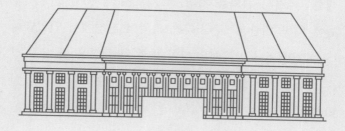

최영환: 미국 속담 중에 "신뢰받는 것은 사랑받는 것보다 더 큰 영광이다To be trusted is a greater compliment than to be loved." 라는 말이 있습니다. 신뢰받는 것은 그만큼 중요하고 또 어려운 일이기 때문입니다. 관계에 대한 이론과 기술론은 많지만 신뢰를 얻는 것이 가장 중요합니다.

대한민국에서 신뢰를 가장 잘 가르쳐 줄 사람이 누구일까에 대한 대답은 '군대'라는 의외의 환경에서 얻었습니다. 최전방에서 영화배우 장혁 씨와 군 생활을 할 당시 깊은 대화를 나눴습니다. 그때 장혁 씨는 '배우들이 가장 신뢰하는 배우'는 안성기 씨라며 칭찬을 아끼지 않더군요.

매스컴을 통해서 잘 알려진 안성기 씨의 온화한 이미지는 만들어진 모습이 아닌 진짜 그의 성품이었습니다.

저는 그때부터 안성기 씨를 만나면 꼭 신뢰에 대한 조언을 듣고 싶었습니다. 우유곽 대학의 교수님이 되어 달라고 부탁하고자 직접 찾아뵈었는데, 인터뷰하는 내내 신뢰 가득한 신사의 모습을 보았습니다. 마흔 넘으면 살아온 인생이 얼굴에 나타난다는 말이 맞는다면, 안성기 씨의 인생은 '신뢰'라는 한마디로 압축될 수 있을 것입니다.

'신뢰'는 관계를 맺는 가장 쉬운 방법일 것입니다. 이해관계에 따라 달라지는 관계가 아니라 깊은 관계를 쌓고 싶다면, 안성기 교수님께 명품 신뢰를 배워봅시다.

안성기: 신뢰는 남에 대한 배려입니다. 상대방이 나를 신뢰한다는 말은 그만큼 나를 믿는다는 이야기인데 그 믿음이 배려받았을 때 나오게 되죠. 다른 사람의 말과 그의 세계를 인정하고 존중하는 데서 신뢰가 쌓입니다. 열심히 살아가고 성실한 것은 신뢰를 쌓는 데 그다음 문제라고 봐요.

배려는 남는 장사다

한국은 상대방에 대한 인정과 존중이 부족한 사회처럼 느껴집니다. 정치뿐만 아니라 사회 현상도 그렇고, 온라인에서도 그렇습니다. 우리 각자가 반대로 생각해 볼 필요가 있습니다. 상대를 인정하고 존중한다는 것은 바로 자기가 남에게 인정받는다는 뜻입니다. 자신이 대접받고 싶은 만큼 남을 대접하라는 이야기처럼요. 배려는 성인군자만 하는 것이 아닙니다. 남을 배려하면 일단 자신의 기분이 좋아집니다. 상대방을 배려할수록 손해 보는 장사가 아니라 스스로 긍정적인 삶을 살게 되는 남는 장사가 됩니다.

쉽게 '오케이' 하지 마라

저는 사람을 만날 때 배려하는 것을 중요시하는 동시에 약속을 꼭 지킵니다. 시간 약속은 물론이죠. 모든 약속의 기본은 시간 약속이기 때문에 이 작은 것부터 철저히 지키려는 것이 몸에 습관이 되어야 해요. 시간 약속은 그냥 남들보다 내가 좀 더 일찍 그 장소에 나간다는 생각만 하면 쉽게 지킬 수 있습니다.

그리고 저는 무엇이든지 "예예, 그러죠."라면서 쉽게 '오케이' 하는 사람을 경계합니다. 경험해 보니 그런 사람은 대부분 말만 앞서고 약속을 안 지키는 사람일 확률이 높더군요. 처음에는 그런 사람이 털털해 보이고 정이 있어 보이지만, 같이 무슨 일을 하려고 해도 일이 안 될 때가 많습니다.

저는 싫어하는 사람이 딱히 없는데 그런 사람은 싫어하게 되고 피하게 되더라고요. 한국 정서상 앞에서 거절하기가 쉽지 않을 수 있지만 자신의 신뢰를 위해서라도 무리한 약속은 처음부터 하지 않는 것이 좋습니다.

가장 가까운 사람에게 답이 있다

사람이 멀리서 본 느낌과 직접 만났을 때가 다르면 안 됩니다. 저 또한 대중에게 노출된 배우라는 것을 떠나서 말과 행동이 안 맞으면 안 된다고 생각하고, 그렇게 살려고 노력을 많이 해요. 나이가 들수록 직위가 올라가고 사회적 위치가 올라갑니다. 그러면 자신의 이미지에 대해 신경을 쓰게 되죠.

요즘 시대에 연예인만 이미지 관리를 하는 것이 아니죠. 여기서 가장 해 주고 싶은 말은, 자신의 이미지는 멀리 있는 사람이 아닌 가장 가까운 사람에게서 시작된다는 것입니다. 가족이나 친구에게서 이야기는 새어 나가는 것이에요. 가장 가까운 사람이 그런 식으로 생각 안 한다면 먼 사람도 그렇게 생각할 수 없어요. 대중에게 노출되는 연예인의 경우 순간적으로 대중에게 잘 보일 수는 있지만 주위 사람에게 못하면 오래가지 못합니다. 결국 가장 가까운 사람에게 잘해야 합니다.

그런데 우리는 대부분 가까운 사람을 등한시하잖아요. 본의 아니게 소홀히 대하게 되고요. 그래서 노력이 필요합니다. 어쩌다 보는 사람보다는 지금 곁에 있는 사람에게 신뢰를 얻을 수 있도록 최선을 다해야 해요. 그렇게 되면 삶에 모든 것이 우러납니다. 좋은 이미지가 형성되는 것이 중요한 것이 아니라 진짜로 그렇게 사는 것이 중요하니까요. 그래서 자꾸만 주위에서 그런 이야기가 들리면 자신에게 의무와 책임감이 생깁니다. "내가 좀 더 잘 살아야겠구나."라고 생각하게 됩니다. 지금 저는 제 이야기를 하고 있는 것입니다.

인터뷰를 해라

제 개인적인 생각이지만 인터뷰를 하다 보면 고해성사 비슷하게 하게 됩니다. 자기도 모르게 생각을 말하게 되고, "아 그렇구나."라면서 저 자신을 뒤돌아보게 됩니다. "아 내가 이게 소홀했구나." 이런 것을 인터뷰를 하면서 알게 되는 경우가 많아요. 그렇게 이야기하다 보면 자기에 대한 인터뷰를 통해서 자극받을 수 있습니다. 친한 친구끼리 인터뷰 형식으로 서로의 생각을 물어보는 것은 어떨까요? 자신에게 정리 안 된 생각도 말을 하다 보면 스스로 정리될 때가 많습니다.

지금 하는 일이 당신 일이다

지금 하는 일이 자기 일이라고 생각하는 것이 중요합니다. 신뢰 주는 사람을 떠올려 보면 모두 자신이 하는 일에 최선을 다하는 사람이에요. 주위에 보면 일을 하면서도 불평불만이 많고 다른 것을 꿈꾸는 사람 있잖아요. 저는 그런 사람에게 신뢰를 느끼기 힘듭니다.

무슨 일이든 "이것이 나의 일이다."라면서 열심히 하면 자신이 원하는 꿈의 장소에 가도 열심히 하게 되지만, 꿈만 쳐다보고 현재 맡겨진 일을 열심히 안 하는 사람은 자신이 원하는 곳에 가도 열심히 안 하게 됩니다. 열심은 자세의 문제죠. 노력도 자세의 문제이고요. 저는 이 자세가 살면서 정말 중요하다고 봐요.

또한 열심히 하는 자세를 가진 사람은 기다리면 반드시

꿈이 찾아오게 되어 있다는 신념이 제겐 있습니다. 배수의 진을 치는 것 같지만 실제로 혹 자신이 꿈꾸는 일을 하지 못하게 되더라도 지금 열심히 일하는 곳에서 행복을 느끼게 됩니다. 무엇이 되고자 하는 꿈보다 어떻게 살아가느냐가 더 중요한 것이죠. 이렇게 사는 사람은 옆에서 보는 사람도 보기 좋고 자기 자신도 긍정적인 삶을 살게 되더라고요. 혹 꿈이 안 이루어져도 열심히 살았다는 생각으로 후회를 안 하게 됩니다.

저에게 꿈이 있다면 계속 배우로 살아가고 싶은 것입니다. 좋은 작품, 재미있는 작품, 제가 일하면서 행복하고 보는 사람도 행복하고 즐거워하는 작품을 계속하고 싶어요. 같은 시대를 살아가면서 영화를 통해 기쁨과 슬픔을 나누고 위로하고 즐거움을 공유하는 것이 인생이 아닌가 하고 생각합니다.

세계화가 점점 더 빠르게 진행되는 시대에서 좁은 시각을 가지고 살아가는 데는 한계가 있습니다. 어릴 때부터 우리를 힘들게 한 영어 학습법부터 세계 사람들 마음을 설득하는 법까지 명강의가 글로벌무대학과에 준비되어 있습니다. 이 수업을 통해 우유곽 학생들이 어디서든 글로벌 경쟁력을 갖추고, 다양한 배경을 가진 사람들과 효과적으로 협업하며, 문제를 해결하는 다양하고 넓은 관점을 갖출 수 있기를 기대합니다.

PART 4
글로벌무대학과

하루에 다섯 단어,
외국어가 들린다

조셉 리
미국정부기관 연구원

"그때 확실히 깨달았어요.
꾸준히 하는 것이 정말 중요하다는 것을요.
가랑비는 우리 옷을 진짜로 흠뻑 젖게 만듭니다."

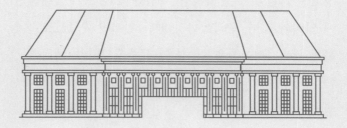

최영환: 외국어 습득법을 가르쳐 주실 교수님으로 어떤 분을 초빙할지 고민하던 중 미국 워싱턴 DC에 있는 조셉리 교수님을 소개받았습니다. 특이한 것은 만남의 조건이었습니다. 외국어 습득법에 대해서는 강의할 수 있으나 자신이 노출되어선 안 된다는 것입니다. 조셉 리, 미국 정부기관에 속한 특수성 때문에 그분의 한국 이름과 정확한 정보를 기재할 수는 없지만, 확실한 것은 그가 늦은 나이에 영어와 일어, 중국어까지 배워 원어민 수준으로 유창하게 커뮤니케이션을 할 수 있다는 것입니다. 게다가 그는 지금 불어와 독어까지 공부하고 있습니다. 미국 워싱턴 DC에서 만나 전해 들은 그만의 노하우를 공개합니다.

조셉 리: 한국 사람들은 대체로 외국어를 하나의 패션, 유행으로 생각하시는 거 같아요. 그러다 보니 외국어를 배우는 것에도 유행처럼 주기가 있습니다. 한때는 외국어 배우기에 열정을 쏟다가 이내 수그러드는 주기 말이에요. 이것이 반복되면 사람은 지치게 되고 결과적으로 외국어가 어렵게 느껴집니다. 언어는 유행이나 광풍이 아니거든요. 생활 속에서 꾸준히 쌓여가는 생활의 침전물이 바로 언어예요.

당신이 한국어 공부에 지치는 이유

저는 유학생을 많이 가르쳤습니다. 유학생만큼 언어에 콤플렉스를 가진 사람도 없어요. 조급해하죠. 그럴 때마다 제가 학생들에게 이야기하는 것이 있어요. 아침에 해변을 산책하다가 예쁜 소라 껍데기가 있으면 "와, 이거 예쁘네."라며 그것을 수집한다고 생각해 봅시다. 그러다 보면 몇 년 후엔 집에 수많은 컬렉션이 생기죠. 이런 느낌으로 영어 공부를 하라고 해요. 산책하듯이 외국어 공부를 해야 해요. 산책할 때는 마음에 강박이나 조급함이 없잖아요. 젊은 친구들 대부분이 뭐든지 단시간 안에 끝내야 한다는 강박을 가지고 있어요.

하지만 여기서 꼭 알아야 할 것은, 모든 외국어 공부는 수평선으로 가다가 어느 날 갑자기 폭발적으로 올라간다는 사실입니다. 사람들 대부분이 열심히 하다가 이 수평선에서 "아 나는 안 되는구나."라고 생각하고 포기해요. 가끔 고액 과외 형식의 제안이 들어옵니다. 돈은 얼마든지 줄 수 있으니 단기간에 결과를 보여 달라고 말씀하시는 분들이 있어요. 이러한 분들은 백날 가르쳐 드려도 그분의 조급함 때문에 금방 지쳐 버립니다. 수평에서 초조해하면 안 돼요. 한국 사람들은 매우 스마트하고 능력이 있어요. 이제 좀 더 장기적으로 볼 때가 되었다고 생각합니다.

외국어 습득의 첫걸음: 관심

저는 4개 국어를 자유롭게 구사할 수 있고, 그 외에 2개국어를 어느 정도 구사합니다. 제가 다른 사람들보다 똑똑한 것이 아니에요. 저와 다른 사람들의 차이는 관심에서 비롯돼요. 그런 거 있잖아요. 오지랖이 넓어서 이것저것에 관심 많은 거요. 저는 미국의 다양한 인종이 만나는 회사에서도 고향이 외국인 사람에게 지대한 관심을 가집니다. "너는 어느 나라 말을 하니? 네 이름의 뜻은 뭐니?" 이렇게 끊임없이 질문을 해요. 그러다 보면 그 나라에 관심이 생기고 그 관심 때문에라도 그 나라 언어를 배우게됩니다.

외국어는 권력이 아니라 배려다

이 관심을 가만히 들여다보면 결국 배려라는 단어에 직면하게 돼요. 언어 전문가들이 하는 말 중에 언어 에티켓이라는 표현이 있습니다. 이 언어 에티켓의 기본은 오픈 마인드, 즉 배려입니다. 생각이 다른 사람도 받아들일 수 있는 마음. 언어는 문화와 매우 밀접한 관계에 있기에 더욱이 배려가 필요해요.

과거에 우리나라에서 영어를 한다는 것은 곧 파워를 의미했어요. 문제는 외국어를 파워 관계로만 보는 것이죠. 이른바 영어만 하면 나에게 힘이 생기고 남보다 우위에 설수 있다는 논리. 그래서 조기 교육을 하는 것도 다른 아이들은 못 해도 너만은 이것을 하라는 논리이죠. 이러한 논리를 가진 분께는 죄송하지만, 언어를 배운다는 것은 배려심을 익히는 것입니다. 상대방에게 맞춰 주고 상대방을 더 이해할 수 있는 것이에요. 어른이 어린아이와 이야기할 때 위에서 아래로 내려다보는 것이 아니라 눈높이를 맞추는 힘이 언어의 힘입니다. 주위에 외국어 잘하는 사람을 찬찬히 살펴보세요. 대부분 배려심이 뛰어난 사람입니다.

가랑비는 옷을 진짜로 젖게 한다

제가 중국에 있을 때 중국어를 잘 가르치기로 소문난 중국 현지인 선생님께 중국어를 배운 적이 있어요. 그분의 강의는 "하루에 딱 다섯 글자만 가르친다."라는 특징이 있어요. 학생들 대부분이 미국인이었는데 미국 사람들이 가장 배우기 힘든 언어 네 가지가 한국어, 일본어, 중국어, 아랍어거든요. 언어도 절대적으로 어려운 것이 아니라 상대적으로 어려운 것이에요. 모국어와 어느 정도 거리가 있느냐 하는 것이 문제인데, 서양 사람들에게 중국어는 가장 배우기 어려운 언어 중 하나인 것이죠.

그런데 재밌는 사실은 그렇게 어려운 중국어도 하루에 다섯 글자를 꾸준히 배우면 나중에는 읽고 쓸 수 있게 된다는 것입니다. 하루에 다섯 글자로 말이에요. 그때 확실히 깨달았어요. 꾸준히 하는 것이 정말 중요하다는 것을요. 가랑비는 우리 옷을 진짜로 흠뻑 젖게 만듭니다.

가랑비에 젖는 법

외국어에 젖기 위해서는 외국어 배우는 것을 생활화해야 합니다. 생활화한다는 것은 의식하지 않는다는 것이에요. 예를 들어서 일어나자마자 양치질하고 텔레비전을 켜고 하는 것은 의식적으로 하지 않잖아요. 그래서 저는 주로 멀티미디어적인 접근법을 추천해요. 가장 쉬우면서 효과적인 방법이거든요. 라디오, 텔레비전, 신문, 영화, 소설, 만화 등등 굉장히 여러 채널로 언어를 접할 수 있어요. 어느 나라에서건 그 나라의 유명하고 인기 있는 가치관이 그대로 멀티미디어에 드러나요. 그런 그 나라의 가치관에 매료되면 외국어 공부가 훨씬 수월해집니다.

저는 《삼국지》에 매료되어서 중국어를 배우러 중국에 온 일본 학생들을 많이 봤어요. 그 친구들은 일본어로 《삼국지》를 읽고 감명을 받아서 《삼국지》를 중국어로 읽고 싶어서 중국에 온 거예요. 그들은 유별나게 중국어 습득이 빠릅니다. 그 나라가 가진 무엇에 매료되는 것이 정말 중요한 것이죠.

외국어 배우는 데 최고의 나이는

외국어 공부에 대한 가장 큰 오해가 바로 나이를 먹으면 공부가 끝난다는 착각이에요. 언어학적으로 대부분은 고등학생 때부터 혀가 굳습니다. 하지만 이것과 언어 공부는 별개예요. 저는 중국어와 일본어를 제 혀가 굳었을 때부터 배우기 시작했어요. 영어도 본격적으로 공부한 것이 그 무렵이고요. 요즘에는 악센트가 있는 것도 매력이거든요. 그런 것에 너무 신경 쓸 필요가 없어요. 언어는 도구에 불과해요.

또 다른 오해는 나이 들어서 기억력에 한계가 생긴다는 착각이에요. 우리의 뇌는 우리가 스스로 제한을 둘 때 한계를 가져요. 적어도 저는 저 자신에게 한계를 두지 않습니다. 우리의 뇌는 쓰면 쓸수록 낡아지는 것이 아니라 더욱 유연해집니다.

외국어에 타고난 사람 구별법

언어를 가르치다 보면 습득이 빠른 친구가 있고 느린 친구가 있어요. 저는 처음에 그것이 태생적으로 지능 지수나 언어 능력의 차이가 원인인 줄 알았어요. 하지만 가만히 관찰해 보니 다른 차이점을 발견할 수 있었습니다. 바로 생각이 깊거나 복잡한 친구들이 상대적으로 언어 습득이 늦다는 사실이에요.

생각이 깊은 아이들이 언어를 공부할 때 힘들어해요. 어떻게 보면 외국어를 배우는 것은 유아적으로 돌아가는 것이거든요. 어느 나라 언어를 배우든 엄마, 아빠 등의 유아 언어부터 배우기 마련인데 생각이 복잡하면 이것을 힘들어합니다. 자신의 모국어와 괴리감을 느끼게 되는 것이죠. 외국어에 타고난 사람은 단순한 사람입니다. 외국어 배우는 것에 특별한 재능을 가지기를 원한다면 단순해지세요.

다국어 습득에 대하여

특정한 언어가 아니라 여러 언어를 말하고 싶은 사람들은 상대적으로 하나의 외국어를 배우는 사람보다 더 조급해합니다. 하지만 여기서 중요한 것은 단 하나의 외국어

를 먼저 원활하게 구사할 줄 알아야 한다는 거예요. 외국
어 하나를 즐기면서 잘할 수 있으면 다른 외국어를 배우
는 것도 더 쉬워집니다. 새로운 언어를 배우면서 외국어
를 공부하는 논리가 생기거든요. "외국어 하나도 못 하는
데 내가 다국어를 어떻게 하겠어?"라고 고민하지 말고 외
국어 하나를 잘하는 것이 중요하다는 것을 명심하세요.
하나만 잘하면 욕심이 생기고 자신감이 생겨요.

마음으로 공부해라

영어에 "To know something by heart."라는 표현이 있어
요. 직역하면 "어떤 것을 마음으로 안다."라는 뜻인데, 실
제 의미는 "어떤 것을 외운다."라는 뜻이에요. 무엇을 충분
히 숙지하는 것은 머리로 외우는 것을 넘어서서 마음으로
아는 것입니다. 외국어를 공부할 때도 이 마음이 움직이
면서 공부하게끔 분위기를 조성해야 해요. 자신에게 가장
큰 감명을 준 위인의 연설문이라든지, 종교가 있는 분이
라면 배우고 싶은 외국어 버전의 《성경》을 보는 것이 크

게 도움이 됩니다. 개인적으로 《성경》은 매우 훌륭한 외국어 습득 교과서라고 생각해요. 외국어를 배울 때 신앙이 함께 따라가기 때문에 습득 속도가 상당히 빠릅니다.

인간의 뇌가 재밌는 것이 뭐냐 하면, 쉬움과 어려움이 병행해야 한다는 거예요. 너무 쉬우면 재미없거나 쉽게 질리고, 너무 어려우면 포기하게 되죠. 그 대신 도전을 줘야 해요. 하지만 너무 도전을 주면 역으로 스트레스를 받게 되죠. 자신이 잘 알고 있는 책이 있다면 그 책을 다른 언어로 읽어 보는 것이 안정감과 도전을 함께 주는 최고의 방법이에요. 사람이 가정 환경이 평온해야 성공한다는 말이 있어요. 집 안이 안정되면 밖에서 도전적인 것을 시도할 수 있거든요. 마찬가지로 책의 내용이 익숙하더라도 도전적인 외국어로 읽는 것은 매우 흥미로운 일이 될 것입니다. 제 외국어 공부의 최고 노하우이기도 해요.

진정성의
힘

신호범
미국 워싱턴주 상원의원

"저는 2만 9000채의 대문을 매일 두드리기 시작했습니다.
비가 오면 비를 맞으면서 문을 두드렸고,
무더운 날에는 땀을 뻘뻘 흘리며 문을 두드렸어요."

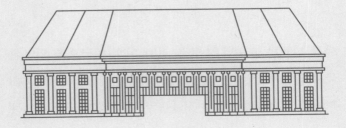

최영환: 1998년 미국 워싱턴주 상원의원에 아시아인 최초로 한국계 의원이 당선됐습니다. 신호범 상원의원이 그 주인공입니다. 신호범 교수님은 동양인이 3퍼센트뿐이었던 워싱턴주에서 상원의원으로 당선되며 미국뿐만 아니라 세계의 관심을 한 몸에 받았습니다. 그렇게 되기까지 그가 험난한 길을 걸었으리라고 어렵지 않게 짐작할 수 있습니다.

사실 신호범 교수님은 한국 전쟁 이후 미국으로 입양된 국제 입양아입니다. 어린 시절부터 인종 차별의 서러움을 뼈저리게 겪었던 그는 자신을 받아준 나라 미국에 보답하고 한인 교포에게 희망을 주겠다는 마음으로 정치의 길에 들어섰습니다.

그러나 아시아인에 대한 미국 사회의 편견은 그리 만만하지 않았습니다. 몇 번의 낙선을 거듭한 끝에 그는 '반反아시아 정서'를 극복하기 위해 고민하게 됩니다. 그리고 수고스럽겠지만 한 사람 한 사람 만나 자신의 의지를 보여주어야겠다고 결심하고 집집이 찾아가기 시작했죠.

때때로 너의 나라로 돌아가라며 문전박대를 당하기도 했지만, 눈이 오나 비가 오나 문을 두드리는 그의 노력은 사람들 마음을 움직이기 시작했습니다. 그렇게 총 2만 9000여 가구를 방문하며 신발 여섯 켤레가 닳아 없어지도록 노력한 끝에 아시아인 최초로 미국 워싱턴주 상원의원에 당선되는 기적을 낳았습니다.

급속도로 추진되는 세계화 이면에는 '인종 차별'이라는 벽이 여전히 존재하고 있습니다. 그러나 세계를 무대로 삼고자 한다면 반드시 이 벽을 뛰어넘어야 합니다. 우유

진정성의 힘

곽 대학의 학생들이 그 편견의 벽에 부딪혔을 때 의연하고 대범하게 대처할 수 있기를 바라며 신호범 교수님을 모셨습니다. 세계적 인재가 되려면 반드시 갖춰야 할 '진정성'에 대해 배워봅시다.

신호범: 인종 차별에 대해서 저는 참 할 말이 많습니다. 미국에서는 동양인이라고 차별을 받고, 일본에서는 조센징이라고 차별을 받았습니다. 동양인이라는 이유만으로 사람들에게 얻어맞고, 한국인이라는 이유만으로 물세례를 받고 개에 물렸습니다. 현재보다 과거 국제 사회가 훨씬 폐쇄적이었기 때문에 제가 받은 인종 차별 행위들을 나열하자면 끝도 없지요.

인종 차별 vs. 인간 차별

저는 미국에 1955년도에 왔거든요. 입양으로 왔습니다. 한국에서 네 살 때 어머니가 일찍 돌아가시고 아버지는 행방불명이었어요. 그때부터 갈 곳이 없었기 때문에 서울역에서 깡통 들고 다니는 거지가 되었어요. 외국에는 인종 차별이 있는데 한국에는 다른 차별이 있습니다. 바로 인간 차별이죠. '거지새끼, 못 배운 자식.' 지나가다가 얻어맞고, 학교 못 간다고 아이들이 돌 던지고, 어디를 가도 무학자라고 쫓겨나고 차별을 많이 당했죠.

저는 그때 "왜, 왜, 왜? 왜 이렇게 차별을 당하는가?"라고 저에게 스스로 질문을 던졌습니다. "첫째, 가족이 없고, 둘째, 교육을 못 받았고, 셋째, 재정적인 능력이 없다."라는 결론이 나왔지요. 솔직히 말하면 1955년도에 부산항을 떠날 때 한국에 침 뱉고 떠났습니다. "추웠던 나라, 배고팠던 나라, 부정이 많았던 나라, 정이 없던 나라. 난 너를 버리고 간다. 다신 안 보겠다." 그런 차별을 당하니까 새로운 나라로 가서 새로운 무지개를 찾겠다는 생각만 했어요.

차별은 디딤돌이다

그럼 기회의 땅에 온 후부터는 모든 것이 행복했느냐. 정답은 '노'예요. 열여덟 살이라는 늦은 나이에 미국으로 입양을 오니 초등학교도, 중학교도, 고등학교도 다 안 받아주더군요. 독학을 하기 시작했어요. 영어를 잘하지 못하니까 'ABC'부터 공부하기 시작했죠. 하면 된다는 태도로 열심히 했어요. 그러다가 1년 4개월 만에 검정고시를 통과하고 대학에 갔어요. 매일 코피 터지면서 공부했습니다.

저는 미국에 와서 한국을 계속 미워하고 한국 사람들 보면 무서워서 도망 다녔습니다. 그런데 《성경》을 보니 "이웃을 사랑하라. 원수까지 사랑하라."라는 말이 있더군요. 고민이 되었습니다. "어떻게 하면 내가 싫어하는 것을 사랑하는 것으로 바꿀 수 있을까?" 저는 박사 학위를 받던 1974년도에 한국을 다시 찾았습니다. 오자마자 서울역으로 가서 지하를 돌았어요. 제가 구걸하던 곳이었죠. 다음 날 인천으로 가서 항구에 엎드려서 말했습니다. "죄송합니다. 침을 뱉고 떠났던 곳이지만, 미국도 가보니까 인종차별이 심하더군요." 차별이라는 것은 결국 인간이 만든 것입니다. 넘을 수 없는 장벽이 아니라 넘을 수 있는 디딤돌이지요.

한국에 왔을 때 아버지에게도 찾아갔습니다. "우리 아버지가 날 왜 버렸을까?" 그 생각이 자꾸 저를 괴롭혔죠. 아버지를 봤을 때는 반가웠지만 더 슬펐어요. 아버지가 재혼하셔서 이복동생 다섯 명이 있더군요. "내가 어떻게 이런 사람을 사랑할 수 있을까?"라고 원망하는 마음 한편에는 "날 버리고 간 사람이지만 그래도 우리 아버지다."라는 생각이 들었습니다.

이야기를 나눠 보니 이복동생들이 가난해서 학교에 못 가더군요. 그때부터 저는 밤낮 늦게까지 일하면서 동생들을 미국에 데려와 공부시켰어요. 그러니까 마음이 좋아집니다. 가족이니까요. 그리고 마지막에 아버지까지 제가 사는 곳으로 모셔 왔어요. 나중에는 아버지의 상처와 아픔의 이야기를 듣고 둘이 함께 엉엉 울었습니다.

무지가 곧 차별이다

'내가 생각하는 내가 내가 아니고, 네가 생각하는 내가 내가 아니며, 내가 생각하고 네가 생각하는 내가 바로 나다 I am not who I think I am. I am not who you think I am. I am who I think you think I am.' 국제적 지도자가 되려면 양쪽을 다 볼 줄 알아야 합니다. 인간은 나만 옳다고 생각하기 때문에 한쪽만 알고 있으면 안 됩니다. 인종 차별도 마찬가지예요. 왜 미국 땅에 인종 차별이 있을까. 그 이유를 찾기 시작했어요. 대부분의 인종 차별은 서로를 모르는 데서 기인합니다. 그러다 보니 남이 하면 나도 한다는 식으로 진행될 때가 많아요. 결국 무지하면 차별하게 되는 것이죠.

인종 차별보다 더 무서운 힘을 활용해라

인종 차별은 하고 싶어서 하는 것이 아니라 문화에 따른 것입니다. 제가 선거에 나갈 때 선거 지역의 97퍼센트가 백인이었어요. 한국인이 세 가정밖에 없었죠. 기존의 방법으로는 제가 승리할 확률이 너무 낮았습니다. 하지만 인종 차별보다, 문화의 벽보다 더 무서운 힘이 진실의 힘입니다. 저는 2만 9000채의 대문을 매일 두드리기 시작했습니다. 비가 오면 비를 맞으면서 문을 두드렸고, 무더운 날에는 땀을 삘삘 흘리며 문을 두드렸어요.

여러 피드백이 왔습니다. "당신 참 겸손해 보인다. 믿음직하다." "아니 이렇게 높은 언덕까지 날 만나려고 왔느냐? 감동했다." "내 개에 물리고도 나를 찾아와 줘서 고맙다." 등등. 미국 사람들도 차별을 떠나서 실력과 정성을 보여주니 태도가 바뀝니다. 선거 운동을 하면서 항상 성실한 태도로 정치를 하기로 다짐했어요.

어느 날 한 미국인이 저를 문전박대 하더군요. 당장 네 나라로 떠나라고 하면서요. 저도 그냥 화내고 돌아서면 되는 상황이었지만 그 사람을 먼저 이해하고 대화하기 시작했습니다.

"미안하지만 제가 한마디 하겠습니다. 제가 알기로는 이 땅은 이민의 나라인데 당신의 선조들이 먼저 오지 않으셨습니까? 그러니까 당신 먼저 떠나십시오. 그럼 제가 따라가겠습니다."

제 얘길 듣더니 그 친구가 어쩔 줄을 몰라 하더군요. 그리고 나중엔 저에게 와서 악수를 청하더니 자기가 잘못 했다고 이야기했습니다.

우리는 서로 이해해야 합니다. 이해하고 인정하는 것이 리더입니다. 왜 인종 차별을 하는지에 대해서 먼저 이해 하는 태도를 보이면 차별은 사라지기 시작합니다. 저는 상원에서 10년 넘게 정치를 했고 하원에도 2년 있었는데, 인종 차별 관련 법을 많이 통과시켰습니다. 모두 이해의 결과물이지요.

You crazy!

같은 지역에서 3선 때에는 상대자가 없었습니다. 무투표 를 실시했는데, 있을 수 없는 기록인 99.7퍼센트가 나와서 당선되었어요. 97퍼센트가 백인인 지역에서 깜짝 놀랄 만 한 결과였지요. 하지만 이것은 그냥 우연의 결과도 아니고 이미지의 승리도 아닙니다. 저는 처음 당선된 이후부터 정말 성실히 일했습니다. 지역을 위해 진짜 열심히 일했어요.

그렇게 인정받으니까 당선된 후 얼마나 고마운지 다음 날 아침에 간판에다 크게 '생큐'라고 쓰고 거리에 나가 새벽 5시에 비 맞으면서도 간판을 흔들며 생큐라고 외쳤어요. 미국 사람들이 깜짝 놀라요. "당신 미쳤어You crazy!" 막 그래요. "내가 미국에 살면서 선거 때 찍어 줘서 고맙다고 하는 사람 처음 봤다. 당신은 뭔가 다르다. 언제든지 다시 나오면 내가 또 찍어 주겠다."

저도 인간이고 욕심이 있어서 매일 성실히 일하고 남을 이해하기가 쉽지 않습니다. 그래서 매일 반성하면서 살려고 노력해요.

한을 사랑으로 바꿔라

대한민국은 고생을 많이 한 나라인 만큼 한이 많은 나라입니다. 어느 나라를 가봐도 아침 인사를 "진지 잡수셨습니까?"라고 안 해요. 한국만 과거에 그랬죠. 일본 식민지에서 고생했고, 사대주의에 관해 열등감이 심합니다. 그래서 시기심이 많고 다투기 잘하고 싸우기도 잘해요. 우리 한민족은 남이 잘되면 배 아픈 마음을 버려야 합니다. 글로벌 시대의 리더가 되려면 그런 마음을 사랑으로 바꿔야 해요. 계속해서 제가 이야기하는 '이해'가 중요해요. 저는 지금도 배우고 있습니다. 30년간 싫어했던 아버지를 이해하고 외국 사회를 이해하고 있습니다.

한국 사람들은 머리가 좋고 영리한 민족입니다. 제가 30여 년을 대학교에서 가르쳤는데 한국 학생들은 머리가 정말 좋아요. 그 좋은 머리와 함께 포용할 수 있는 마음까지 가지게 되면 훌륭한 지도자가 될 것입니다.

새로운 아이디어, 꿈을 가져라

6·25 사변 때 세계에서 네 번째로 가난한 나라가 지금 세계에서 열 번째로 부유한 강국입니다. 식민지 지배를 받

은 나라 중에 유일하지요. 저는 이 원인을 한국의 교육열에서 찾습니다. 한국 사람들은 교육에 관심이 많습니다. 교육은 새로운 아이디어를 찾기 위한 과정이지요. 그런데 여기서 아쉬운 점은, 한국의 교육은 외우는 것에만 초점이 맞추어져 있다는 거예요. 21세기 교육은 이노베이션입니다. 새로운 아이디어의 시대인 것이죠. 빅토르 위고가 말했습니다. "때를 맞은 사상보다 더 강력한 것은 없다 Nothing is more powerful than an idea whose time has come."

새로운 아이디어는 곧 꿈이기도 해요. 미국 학생들도 한국 학생들과 마찬가지로 엄마, 아빠가 먹여 주고 재워 줍니다. 그러나 어렸을 때부터 부모가 "너 장래에 되고 싶은 것이 뭐니?" 하면서 꿈을 심어 줘요. 만약 수학에 실력이 있으면 엔지니어도 좋고 과학자도 좋고, 만약 인문에 실력이 있으면 철학자도 좋고 다 좋아요.

그런데 한국에서는 "부모인 내가 못 한 거 네가 해라."라고 아이의 꿈을 강요해요. 그래서 아이의 재능과 흥미에 상관없이 판사, 의사 등이 인생의 꿈이 되어요. 14년 전에 웨스트포인트에서 2세 한인 친구가 6층 건물에서 떨어져 자살했어요. 죽기 전에 쓴 글이 있습니다. 뭐라고 썼느냐면 "나는 군인이 되고 싶지 않았는데……"라고 썼어요. 알고 보니 아버지가 한국에서 육군 대령까지 했어요. 아버지의 꿈은 별을 다는 것인데 아버지가 못했기 때문에 아들을 사관학교에 보낸 것이에요. 1년 후면 장교가 되지만 원하지 않는 길이었기 때문에 극단적인 결과가 나왔어요.

지금 여러분의 꿈은 무엇인가요? 젊은이들의 꿈이 부모의 꿈이 아닌 자기 자신의 재능과 흥미에 맞춰진 꿈일 때 대한민국은 큰 힘을 발휘할 것입니다.

나를 키운 것은 인정의 힘이다

꿈을 가지면 동시에 인정받는 환경에 있는 것이 중요합니다. 꿈을 이뤄 주는 것이 바로 인정이지요. 미국 생활이 쉽지 않고 코피 흘리면서 일하고 공부할 때 나를 데려와 주신 아버지가 나의 손을 잡으면서 하셨던 말씀이 있었어요. "아들아, 난 너를 믿는다 My son, I believe in you." 그 한마디가 나에게 큰 힘이 되었습니다. 나도 사랑받고 있구나. 나도 인정받고 있구나. 이 인정이 참 중요해요. 사람을 죽일 수도 있고 살릴 수도 있는 것이 이 인정입니다.

2년 전에 펜실베이니아의 한 목사님에게서 전화가 왔어요. "신 의원, 입양아들이 많은데 걔들이 하도 불쌍해서 저녁 한 끼를 대접하고 싶은데 함께할 수 있나?" 순간 저는 바로 전화를 끊어 버렸습니다. 목사님한테서 다시 전화가 왔어요. 저는 이렇게 이야기했습니다. "우리 입양아들은 동정이 필요 없습니다. 필요한 것은 인정입니다." 당신에게 자녀가 있다면 자녀를 인정해 주세요. 그리고 당신이 자녀라면 당신 스스로를 인정해 주세요. 꿈을 이룰 수 있는 소중한 첫발입니다.

진정성의 힘

리더십은 개인, 조직, 그리고 사회 전반에 걸쳐 광범위하게 영향을 미치는 핵심 역량입니다. 리더십학과는 우유곽 대학 학생들이 복잡하고 다양한 사회에서 효과적으로 행동하고 결정을 내리는 능력을 개발하는 데 도움이 되기 위한 수업으로 구성되어 있습니다. 팀의 단결력을 높일 유머부터 대체할 수 없는 인재가 되는 방법과 정직의 힘까지. 우리의 잠재력을 최대한 활용하고, 다른 사람에게 선한 영향력을 전하며, 속한 공동체를 발전시킬 수 있는 능력을 지금 바로 키워 봅시다.

PART 5

리더십학과

사람 살리는
유머력

최규상

유머발전소 소장

"저는 2003년에 빚보증을 잘못 서서 전 재산을 날리고
저뿐만 아니라 제 아내까지 신용불량자로 만들었습니다.
재밌는 사실은 그때부터 본격적으로 유머 공부를 시작했어요.
어려움이 가장 멋진 유머 소재가 되더군요."

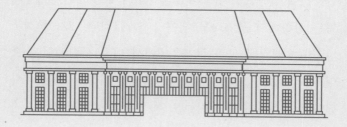

최영환: 석촌호수에 한 남자가 큰 소리로 '와하하하' 웃으며 뛰어다니기 시작합니다. 무슨 좋은 일이라도 있어서 저러나 싶겠지만, 사실 빚보증으로 전 재산을 날린 남자입니다. 그리고 이 이상한 남자는 여러분에게 '유머력' 수업을 해 주실 최규상 교수님입니다.

한순간에 신용불량자가 되었던 최규상 교수님은, "이렇게 힘든 상황에서 웃기라도 해야지, 안 그러면 내가 죽겠구나."라는 생각에 공원 한가운데에서 미친 사람처럼 웃으며 뛰어다녔다고 합니다. 처음에는 별 이상한 사람이 다 있다며 핀잔을 주던 사람들도 점차 모여들기 시작했고 지

금의 '잠실웃음클럽'으로 발전해 함께 웃음과 유머를 나
누고 있습니다.

잠실웃음클럽을 계기로 하여 최 교수님은 본격적으로 '유
머'를 연구하기 시작했고, 대기업 CEO들의 러브콜을 받
는 유머 코치로 변신했습니다. 또한 최 교수님이 매일 아
침 아내를 위해 준비한 '모닝 유머' 덕에 지금은 아내도
함께 유머 연구에 동참하고 있다고 하니, 실로 위대한 유
머력ヵ입니다.

어색한 첫 만남에서도 상대방의 마음을 열어 주는 유머는
관계의 윤활유 역할을 합니다. 이제 우리는 '리더십'이라
는 측면에서 유머를 재조명해 볼 것입니다. 무거운 분위
기를 환기시키는 유머, 껄끄러운 이야기도 매끄럽게 풀어
내는 유머, 단결력을 높여주는 유머를 갖춘 리더가 권위
적인 리더를 이기기 때문입니다.

영국 수상 처칠, 미국 대통령 링컨도 뛰어난 유머를 갖췄
기로 소문나 있습니다. 탁월한 리더십 뒤에는 강력한 카

사람 살리는 유머력

리스마뿐만 아니라 뛰어난 유머와 재치가 숨겨져 있었던 것입니다. 우유곽 대학 학생도 사람 살리는 '유머력'을 최고 유머 코치 최규상 교수님에게 배워봅시다.

최규상: 많은 사람이 유머에 대해 오해하는 것 중 하나가 유머는 단지 사람들을 웃기는 역할만 한다고 생각하는 것입니다. 그러나 웃기는 것만 유머가 아닙니다. 유머의 역할 중 가장 큰 것은 바로 나 자신을 나답게 볼 수 있다는 것입니다. 제 강의를 통해 남을 웃기는 비법을 배우려고 한다면 이 수업을 들으실 필요가 없습니다. 그런 분은 그냥 방송 개그 프로그램 보러 가세요. 저는 유머를 통해 세상을 가지고 노는 힘에 관해 이야기를 나누려고 합니다.

웃기는 것만 유머가 아니다

유머를 하면서 가장 좋았던 것은 제가 가지고 있던 어려움을 이겨 냈다는 것입니다. 제가 가지고 있는 어려움을 어려움으로 보지 않고 유머러스하게 바라보는 것이죠. 지금 당장 어려운 것은 나중에 시간이 지나면 전혀 어려움이 아니에요. 닥쳤을 때 어려움이지, 1년, 2년 뒤에 보면 100퍼센트 축복입니다. 저는 2003년에 빚보증을 잘못 서서 전 재산을 날리고 저뿐만 아니라 제 아내까지 신용불량자로 만들었습니다. 재밌는 사실은 그때부터 본격적으로 유머 공부를 시작했어요. 어려움이 가장 멋진 유머 소재가 되더군요.

저는 혀가 짧습니다. 살아가는 데 지장은 없지만 이것이 저에겐 엄청난 콤플렉스였어요. 어릴 적부터 "넌 왜 혀가 짧으냐.", "왜 말을 어버버 하느냐."라는 말을 수시로 들었고, 급기야 어느 날 제가 사람들 앞에서 이야기하고 들어오는데 어떤 사람이 오더니 앞으로는 사람들 앞에서 말하지 말라고 하더군요. 그게 저의 상처였습니다. 남들 앞에서 말을 할 수가 없었어요.

그러던 어느 날 저는 이런 제 약점을 익살스럽게 바라보기 시작했습니다. 저는 요즘 사람들 앞에서 제 혀에 대해 이렇게 이야기합니다. "저는 혀가 짧습니다. 혀가 짧다 보니 좋은 게 많습니다. 저는 혀가 짧아서 한 번도 제 혀를 씹은 적이 없습니다. 그리고 짧은 제 혀는 겸손합니다. 덕분에 저는 제 혓바닥을 누구를 밟는 발바닥으로 쓰지 않고 누구를 올려 주고 세워 주는 손바닥처럼 씁니다." 이것이 유머의 휴머니티입니다. 나를 인간답게 바라보는 것이 바로 유머입니다.

세상을 가지고 노는 힘, 유머 (1)

유머로 우리는 우리의 상처와 아픔을 가지고 놀 수 있습니다. 짧은 혀 사건 이후 저는 저의 약점에 감사하기 시작했어요. 모두 유머화 할 수 있기 때문이죠. 언젠가 제주도에서 강연한 적이 있었는데, 아저씨 한 분이 저에게 와서 고맙다고 인사를 하시더군요. 자신은 목 짧은 것이 평생 콤플렉스였는데 강의를 듣고 나서 그 약점을 가지고 놀기로 결심했다고 말씀하시더군요. 요즘 그분은 사람들에게 자신은 목이 짧아서 목도리가 필요 없다는 유머를 발휘하고 계십니다.

이 뿐만이 아닙니다. 대머리 사장님께서는 "나이를 먹다 보니 제가 대한조명협회 이사가 되었습니다.", 키가 작으신 분은 "전 여러분보다 부자가 될 확률이 높습니다. 왜냐하면 길을 걷다가 떨어진 돈을 더 빨리 주울 수 있으니까요.", 마음은 청춘인데 나이가 많으신 분은 "올해 저는 스물한 살입니다. 나머지 스무 살은 무거워서 집에 두고 다닙니다."라고 말하며 자신의 약점 혹은 특별함이 없는 점을 얼마든지 가지고 놉니다.

세상은 원래 잘 나가고 원래 잘했던 사람의 스토리에는 귀 기울이지 않습니다. 재미가 없는 것이죠. 나름대로 가난했고 어려움을 겪었던 것이 우리에겐 큰 경쟁력이 됩니다. 세상을 이겨낼 수 있고 가지고 놀 수 있는, 절대 긍정의 힘이 유머입니다.

지금 당신의 약점은 무엇이고 상처는 무엇입니까? 그것이 당신의 경쟁력입니다. 그 약점을 유머로 가지고 놀아보세요. 세상을 가지고 놀 수 있습니다.

세상을 가지고 노는 힘, 유머 (2)

자신의 약점을 가지고 유머로 성공한 유명인 중에 링컨과 처칠이 있습니다. 링컨 대통령은 얼굴이 못생기기로 유명한 대통령입니다. 대통령 후보 시절 합동 유세할 때 상대편 후보가 링컨을 몰아붙인 적이 있었습니다. "링컨은 이중인격자입니다. 링컨은 두 얼굴을 가지고 있습니다." 이때 링컨은 이렇게 반박합니다. "상대방 후보의 말은 옳지 않습니다. 여러분, 만약 제 얼굴이 두 개라면 무엇 때문에 이렇게 못생긴 얼굴을 지금 이 자리에 가지고 나왔겠습니까?"

처칠 또한 혀가 짧은 약점을 승화시켰습니다. 혀가 짧아 말을 잘하지 못했던 처칠은 글을 많이 쓰기 시작했으며 덕분에 정치인이면서 동시에 노벨 문학상을 받았어요. 그리고 연설을 짧게 하는 방법을 터득해 그 유명한 연설을 후대에 남기게 되었습니다.

"Never give up! Never give up! Never never never give up!" 사람의 단점이 가장 인간적인 것입니다. 그 단점을

가지고 놀 수 있게 우리에게 유머가 허락되었어요. 상대
방을 희화화해서 남을 웃기는 유머가 아닌 이것을 우리는
명품 유머라고 부릅니다.

유머는 관광이다

단순하게 유머 기법을 알려 달라면 언제든지 알려 드릴
수 있습니다. 하지만 저는 그런 기법을 강의하는 것이 재
미가 없어요. 왜냐하면 저는 개그맨이 아니니까요. 저는
철저하게 유머 철학자가 되고 싶습니다.

그런 의미에서 저는 "유머는 관광이다."라는 이론을 이야
기합니다. 관광의 어원은 '관국지광'입니다. 관국지광. 말
그대로 나라의 빛을 보는 것이 관광이죠. 그 나라의 얼과
사상과 문화를 보는 것이 면세점을 돌아다니는 것보다 훨
씬 더 괜찮은 관광입니다. 사람을 만날 때 관광하듯이 그
사람의 빛을 봐야 합니다. 자기 자신의 아픔과 상처를 빛
으로 보는 것이 국내 관광이고, 그 힘으로 다른 사람들 속

의 빛을 발견하는 것이 해외 관광입니다.

유머 감각이 아니라 유머력이다

유머 감각은 키워지는 것이 아닙니다. 실력, 어휘력, 문장력같이 노력해서 얻어지는 것을 '력'이라고 하듯이, 힘써 행하면 얻어지는 유머가 유머력인 것입니다. 유머 감각이 없다고 포기할 필요 없어요. 아예 감각을 가지고 태어나지 않았다면 언제든지 노력해서 얻을 수 있는 것이 유머력입니다.

'력'은 반복의 결과입니다. 반복하지 않으면 세상의 그 어떤 능력도 생기지 않습니다. 지독히 몰입해야 해요. 저는 5년 전부터 아침에 일어나면 아내 앞에서 유머 하나씩을 하자고 다짐하고 실천하고 있습니다. 당시 저는 엄청난 빚을 지고 밑바닥 생활을 할 때였죠. 아침마다 유머를 하는 내 노력에 아내가 웃어 줄 때 자신감을 얻고 집을 나설 수 있었습니다.

HNP 마인드

유머력을 키우려면 'HNP 마인드'가 필요합니다. 저는 이 것만 있으면 누구든지 유머에 프로가 된다고 봐요. HNP 마인드는 바로 '한 놈만 패기' 마인드입니다. 두 놈이 아니라 정확히 한 놈만 패는 것이죠. 일단 내가 하는 일과 관련해서 가장 기본적인 일이 무엇인지 생각하고 그것 하나를 반복합니다.

유머를 잘하려면 썰렁한 유머라도 외우고 써먹으려고 하세요. 이 기본적인 것을 하다 보면 기초가 탄탄해지고 응용하는 법을 배우게 됩니다. 이것이 힘들면 일주일에 한 개의 유머만 구사하고 잘 정리합니다. 저는 그것만으로도 그 사람이 유머를 잘할 것이라고 믿습니다. 사람을 웃기는 것은 대단한 특기를 가지는 것입니다. 그러려면 반복에 반복을 거듭해야 하죠.

저는 군대에 있을 때 일본어를 다 떼고 나왔어요. 제가 군대에 들어가자마자 장교 한 분이 일본 군사 잡지와 일본어 사전을 주더니 번역하라고 임무를 주더군요. 신기한 것은 그렇게 3개월을 하니까 번역이 되었다는 것입니다. 그래서 그때부터 일본어 공부를 꾸준히 했어요. 영어 공부도 매일 조금씩 했죠. 전역할 때 보니 일본어와 영어 단어, 숙어 노트를 일곱 권이나 외웠더군요. 그때부터 신념이 생겼습니다. 어제 하고, 오늘 하고, 내일 하면 반드시 기적이 일어납니다.

반복하면 프로가 됩니다. 아무리 사소한 것이라도 꾸준히 할 수 있는 한 놈만 패기를 꼭 실천하십시오. 무엇보다 한 놈만 패기 마인드를 배우고 그것을 경험해 보는 것이 중요합니다. 그러면 그것이 얼마나 무서운 힘인지, 얼마나 삶에 자신감을 가지는 뿌리가 되는지 알 수 있습니다.

남을 웃기려면 먼저 내가 웃어야 한다

저는 매일 30분간 웃습니다. 웃기 위해서 따로 시간을 확보해 둬요. 자신이 웃어야 남을 웃게 만들 수 있습니다. 한

때 저는 매시간 정각마다 웃는 시간을 가졌어요. 어려운 시절 남에게 겨우 돈을 빌려 사글셋방 생활을 할 때 저는 잠실웃음클럽을 만들었습니다. 무작정 아내를 데리고 석촌호수로 나가서 큰 소리로 웃기 시작했죠.

처음에는 아내가 창피해서 도망가더군요. 하지만 왜 웃느냐고 물어보던 사람들이 한두 명 모여서 지금은 단체로 웃고 있습니다. 함께 웃으면서 실제로 건강이 좋아지는 사람이 많이 생겨났어요. 처음에는 다들 미쳤다고 했는데, 지금은 제가 웃으면 사람들이 동참하기 시작합니다.

유머는 쥐구멍이다

쥐가 고양이 앞에서 웃을 때가 언제인지 아세요? 쥐 뒤에 쥐구멍이 있을 때입니다. 철저하게 믿어야 합니다. 어려움이 있고 곤란이 있고 뚫리지 않는 일이 있다면, 반드시 그 뒤에는 유머 같은 쥐구멍이 있다는 것을요. 저는 그 신념으로 오늘 하루도 노력을 반복하며 살아갑니다.

요즘 저는 하루에 칼럼 10개를 반드시 봐요. 그리고 한 개를 베껴 쓰죠. 그리고 하루에 제 생각이 담긴 다섯 문장을 반드시 씁니다. 왠지 아세요? 글을 잘 쓰고 싶기 때문입니다. 글을 잘 쓰는 그날까지 저는 계속해서 반복적으로 노력할 것입니다.

대체할 수 없는 인재만이
리더가 된다

홍은표

OECD 종신연구원

"한국에서 말하는 이른바 명문 대학 학생들은 어디를 가나
똑똑한 사람으로 인정받겠지만,
국제 무대에서는 결국 수많은 인재 중의 한 명일 뿐입니다."

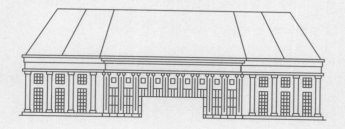

최영환: 2009년 11월 우리나라는 국제개발협력기구OECD 산하 개발원조위원회DAC에 가입하며 전 세계의 주목을 받았습니다. 6·25 전쟁 당시 전 세계의 도움을 받았던 우리나라가 이제는 도움을 주는 나라로 도약한 것은 수혜국이 원조국으로 전환한 최초의 사례이기 때문입니다. 이렇듯이 OECD를 비롯한 여러 국제기구에서 대한민국에 대한 기대와 위상이 높아지는 반면 아직 국제 무대를 휘어잡는 한국의 인재는 부족하기만 합니다.

그래서 세계를 품는 넓은 시야를 갖도록 도와줄 분을 찾다가 프랑스 파리까지 날아가게 되었습니다. OECD 통계실에서 테뉴어Tenure(정년 보장 심사)를 통과한 최초의 한국인 홍은표 교수님을 만나기 위해서입니다. 파리에 있는 자택으로 저녁 식사 초대를 해주신 홍은표 교수님은 뜻밖에도 구수한 된장국을 대접해 주었습니다. 맛있는 음식 때문인지 타국에서 들은 홍 교수님의 국제 무대 활약상은 제게도 잊지 못할 기억으로 남았습니다.

"통계가 정책이다."라는 운영 철학을 가진 OECD에서 홍은표 교수님은 수많은 통계 자료를 분석하고 관리하며 새로운 통계적 기법을 개발하는 일을 하고 있습니다. 우리나라 통계청 직원이었던 그는 처음에는 일정 계약 기간만 일하는 조건으로 OECD에서 일하기 시작했고 7년간의 실적과 가능성을 인정받아 종신연구원이 되었습니다.

OECD의 연구원 대부분이 기간직이라는 점을 고려할 때, 홍 교수님이 정년 보장 계약을 받았다는 것은 국제 무대에서 그의 존재감이 남다르다는 것을 의미합니다. '국제 무대 진출'을 꿈꾸는 젊은이에게는 아무도 가지 않은 길을 앞서 나간 선배님인 셈입니다.

국제기구에서 오랫동안 활동한 홍은표 교수님은, 언어 실력은 필수 조건이지만 그것만으로는 충분하지 않다는 것을 깨달았다고 합니다. 그렇다면 세계적인 인재, 국제 무대에서 활약할 인재는 어떤 것들을 갖춰야 하는 걸까요?

프랑스 파리에서 된장국의 구수함을 퍼뜨리고 계시는 홍은표 교수님께 국제 무대의 감각을 배워봅시다.

홍은표: 한국은 원조 수혜국에서 공여국으로 성공한 세계 유일의 사례로 국제 사회에서 주목을 받고 있습니다. 세계선진공여국클럽이라 불리는 DAC에 우리나라가 가입한 것이 그 의미가 남다른 이유도 여기에 있습니다. 우리나라는 일제 강점기와 6·25 전쟁을 거친 후 1960년대 초까지 60억 달러를 세계로부터 원조받았는데, 그것을 기반으로 이제는 우리가 다른 나라를 도와주는 입장이 되었습니다.

그러나 우리나라의 위상에 비해 국제기구에서 한국인의 입지는 매우 좁은 듯합니다. OECD 내의 직업도 종류가 여러 가지인데, 6년이나 7년을 주기로 업무 능력 및 실적 평가를 하고 거기서 계속할 것인가 말 것인가가 결정됩니다. 사실 따지고 보면 비정규직인 셈이죠.

세계 인재 = 더불어 인재

OECD 내에도 한국 사람들은 제법 있지만 우리나라의 국제적인 위상에 비해서는 턱없이 부족한 실정입니다. 수혜국에서 공여국으로 전환한 유일한 사례인 대한민국이 이처럼 국제기구에서 활약하지 못하는 이유가 무엇인지 진지하게 고민해 봐야 합니다.

저 또한 그 원인을 고민해 본 끝에 아직 우리나라의 인재들에게 국제 감각이 부족하기 때문이 아닌가 생각했습니다. 지금 우리나라에서 하루 평균 석유 소비에 사용하는 비용이 2억 달러에 가깝습니다. 문제는 돈이 아니라, 석유가 없으면 아무것도 할 수 없다는 것이죠. 즉, 원유국과의 긴밀한 협조 없이는 우리나라의 경제, 정치, 문화 및 모든 사회 활동이 마비된다는 뜻입니다.

소말리아 해역의 예를 들어 볼까요? 종종 뉴스에서 소말리아 해적에 관한 보도를 들어 본 적이 있을 것입니다. 그 해역은 자체적으로 치안 유지가 되지 않기 때문에 그곳을 지나야 하는 각 국가가 협조해 국제적으로 치안 문제를 해결하고 있습니다. 더 이상 치안의 문제도 한 나라의 전유물이 아니라는 뜻입니다.

제가 말하고 싶은 것은, 세계는 이미 수없이 많은 네트워크와 끈으로 얽혀 더불어 살아가고 있다는 것입니다. 그렇기에 '개발 원조'의 개념도 단순히 잘사는 나라가 못사는 나라에 도움을 주는 것이 아니라 함께 살아가자는 뜻이죠.

그런데 세계 인재를 꿈꾸는 많은 젊은이에게 이러한 패러다임이 부재한 것 같습니다. 단순히 영어를 잘하는 것이 글로벌 인재가 아니라 세계가 더불어 살아가고 있다는 것을 예민하게 파악하는 사람이 진정한 글로벌 리더입니다.

Why YOU?

우리나라의 많은 사람이 외국으로 진출하고 싶어 합니다. 그런데 잘못된 방향으로 준비하고 있다는 생각이 종종 들곤 합니다. 한국에서 준비할 때는 외국으로 일단 나가는 것만 생각합니다. 그러나 그것은 시작일 뿐, 국제 무대 진출은 그 무대에서 살아남는 것이 중요합니다. 외국에 나가는 것과 거기에서 살아남는 것은 별개의 이야기라는 것이죠.

국제 무대에서 세계 시민global citizen으로 인정을 받아야 비로소 진출에 성공한 것이라고 할 수 있습니다. 그리고 그 성공의 열쇠는 "왜 당신인가Why you?"라는 질문에 대답할 수 있을 때 가지게 됩니다. 왜 내가 아니면 안 되는지를 보여 줘야 한다는 것입니다.

우리나라에서는 교육의 방식이 상당히 수동적입니다. 공부를 할 때도 주어진 만큼만 하고 거기서 만족합니다. 회사에서도 마찬가지입니다. 제한된 사회, 제한된 사람 속에서 경쟁하다 보니 시킨 일을 충실히 완수하면 자동으로 진급하고 정년이 보장되는 시스템입니다. 그러나 그러한 마인드로는 국제 무대에서 절대로 살아남을 수 없습니다.

국제 무대에서 정년을 보장한다는 것은 한 단체가 많은 부담을 감수하고서라도 그 사람을 위해 정년을 약속한다는 의미입니다. 채용할 수 있는 최대 인원이 10명인데 그중 한 명에게 정년을 보장하면 채용할 수 있는 사람은 아홉 명으로 줄어듭니다. 그렇기에 자연히 "왜 내가 당신에게 정년을 보장해야 하는가, 왜 당신인가?"라는 물음이 나오는 것입니다.

글로벌 커뮤니티에서는 평균적인 사람을 원하지 않습니다. 그 조직에 꼭 필요한 사람이라는 것을 증명해야만 합니다. 단순히 조직에서 시키는 일을 잘하는 것을 넘어 나만이 할 수 있는, 내가 아니면 안 되는 일을 해야 합니다.

OECD 또한 정년 보장에 까다롭기로 소문난 단체입니다. 저도 첫 번째 테뉴어 심사에 도전했을 때 "Why you?"

라는 질문을 받았습니다. 왜 내가 너에게 정년을 보장해 줘야 하는지 모르겠다는 것이죠. 그래서 "왜? 내가 뛰어나다고 평가받지 않았느냐?"라고 대답했더니 그러더군요. "그래서 내가 월급을 주지 않았느냐. 공짜로 일한 게 아니라 그 월급의 값어치만큼 한 것이다."라고요.

그때 국제 무대에서 인재를 바라보는 방식을 새롭게 깨달았습니다. 첫 번째 심사에서 탈락한 후 제가 대체될 수 없는 사람이란 것을 증명하기 위해 2년 동안 새로운 마음으로 일을 추진했고 그 결과 정년 보장을 받았습니다.

국제 무대에서는 여러분에게 당신만의 고유한unique 능력이 무엇이냐고 물을 것입니다. 한국에서 말하는 이른바 명문 대학 학생들은 어디를 가나 똑똑한 사람으로 인정받겠지만, 국제 무대에서는 결국 수많은 인재 중의 한 명일 뿐입니다. "왜 당신인가?"라고 물었을 때 대답할 수 있는 이유가 없다면 받아들여질 수 없죠. 대체될 수 없는 사람이 되는 것, 그것이 국제 무대에서의 핵심 전략입니다.

대체할 수 없는 인재만이 리더가 된다

세계 인재 = 인터랙티브 퍼슨

대체될 수 없는 사람이란 어떤 사람인가? 그 사람은 곧 '인터랙티브 퍼슨Interactive Person'이라고 할 수 있겠습니다. 한국말로 직역하자면 '상호적인, 대화를 하는 사람'이라고 할 수 있겠지요. 하지만 이는 단순히 영어를 잘하는 사람이란 뜻이 아닙니다. 국제 무대 진출을 앞둔 젊은이들이 가장 크게 착각하고 있는 부분이 '영어'가 아닐까 합니다.

열심히 토익 공부, 토플 공부를 하지만 정작 토플이 만점이냐 아니냐는 그리 큰 문제가 아닙니다. 국제 사회에서 중요한 것은 그 사람이 '인터랙티브 퍼슨'인지 아닌지입니다. 영어를 좀 잘하고 못하고가 아니라 일할 때 함께 호흡하며 원활히 소통할 수 있느냐가 문제이지요.

영어를 잘하면 의사소통을 잘하는 것이 아니냐고요? 실제로 국제 회의에 참석해보면 우리나라 사람들 영어로 말을 참 잘합니다. 그러나 그뿐입니다. 자신이 발언할 기회가 왔을 때는 말을 참 잘하지만, 상대방의 발언에 대해서는 경청도 부족하거니와 그에 대한 반응이 없습니다. 'interactive'는 자신이 준비한 이야기를 하는 것이 아니라 상대방의 이야기를 듣고 그에 대한 자기 생각을 표현하는 것입니다.

그렇다면 '인터랙티브 퍼슨'은 어떻게 되는가? 꾸준한 읽기와 쓰기만이 그 답입니다. 국제적 협상 자리에서 계약을 체결할 때만 하더라도 읽어야 하는 문서의 양이 엄청납니다. 우리나라에서는 요즈음 400쪽을 넘어가는 책을 찾기가 힘든데 외국에서는 수백 쪽이 되는 큰 책을 읽으라고 권장하고 있습니다. 그리고 단순히 읽는 것이 아니라 방대한 양의 자료에서 핵심을 뽑아내는 기술을 기르도록 하는 것이지요.

결국 들어가는 것이 있어야 나오는 것도 있을 수 있습니다. 머릿속으로 들어가는 것이 없어서는 밖으로 나올 것도 없습니다. 어떤 대화를 하는 과정에서 내 생각을 표현한다는 것은 그만큼 해당 분야에 대한 전반적인 지식과 나의 의견을 가지고 있어야 한다는 의미입니다.

읽기가 들어가는 과정이라면 그것을 잘 나오도록 하는 것이 쓰기 훈련입니다. 국제 사회에서는 많이 써야 합니다. 이곳 파리만 하더라도 대학에서 시험을 장장 네 시간에 걸쳐 치릅니다. 긴 답안을 작성하는 것도 보통 일이 아니지만, 더 대단한 것은 장문의 답안지를 일일이 읽고 검토하는 피드백입니다.

한국에 대학생들의 리포트를 대신해서 써 주는 리포트 대행 아르바이트가 있다고 들었습니다. 스스로 생각을 정리하고 연구하여 리포트를 작성하고 제대로 된 피드백을 받는 것이 아니라 점수를 위한 리포트라니, 가슴 아픈 일이 아닐 수 없습니다. 자기 생각을 담은 제대로 된 글을 쓰고, 또 그것에 대한 올바른 피드백을 받는 교육이 무엇보다도 세계 인재 육성을 위해 시급하지 않나 생각합니다.

전문성을 가지고 국제 무대에서 놀아라!

앞서 국제 무대에서는 자신의 고유함을 증명해야 한다고

말했습니다. 대체될 수 없는 인재라는 것을 스스로 보여 줘야 한다는 것이지요. 그리고 그 고유한 능력은 '인터랙티브 퍼슨'으로서 '전문성'을 갖출 때 발휘됩니다. 읽기도 두 가지 정도로 분류할 수 있습니다. 전반적인 교양을 획득하기 위한 읽기와 자신의 전문 분야에 대한 읽기입니다. 국제 무대의 인재로서는 무엇보다도 깊은 전문 지식을 위한 읽기가 필요합니다.

예를 들어, 자신이 관심을 가지는 국제기구가 있다면 그 기구에서 출판하는 보고서를 꾸준히 읽어야 합니다. 그 과정에서 해당 분야에서 통상적으로 사용되는 전문 용어들을 배우고 이해할 수 있겠죠. 토익이나 토플만 열심히 한다고 해서 세계 인재로 인정받는 것이 아닌 이유가 여기에 있습니다. 관련된 지식의 전문 용어들에 대한 이해 없이는 아무리 유창한 영어라 하더라도 무용지물이 되고 마니까요. 그렇기에 토익 공부도 좋지만, 자신의 전공 분야를 원서로 강독할 것을 권합니다.

국제 무대는 세계 곳곳의 우물 안 개구리들이 그 우물을

대체할 수 없는 인재만이 리더가 된다

박차고 모여든 곳입니다. 똑똑한 사람들, 외국어가 유창한 사람들은 널리고 또 널렸습니다. 그 사이에서 자신의 고유한 능력을 증명하고 싶다면 무엇보다도 자신의 분야에 대한 탁월한 전문성이 바탕이 되어야 합니다. 그리고 그것은 지금 여러분이 머무르고 있는 우물을 박차고 국제 무대로 뛰어들 튼튼한 다리가 되어줄 것입니다.

정직 하나로 재벌이 된 샐러리맨

윤윤수
휠라코리아 대표

"정직하게 일을 시작하면 어디를 가든 당당해집니다.
정직하니까 투명해지고 투명해지면 숨길 것이 없기 때문입니다.
이러한 당당함이 전 직원에게 신뢰를 형성하고
팀워크를 발휘하게 합니다."

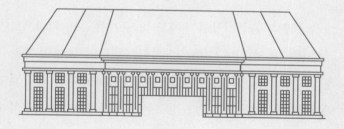

최영환: 예전 대한상공회의소에서 '기업 호감도 조사'를 한 결과, 우리나라 국민들은 국내 기업의 국제 경쟁력은 81.5점으로 비교적 높게 평가한 반면 윤리 경영과 사회적 책임 이행에 대해서는 24.9점이라는 낙제점을 줬다고 발표했습니다. 국제 경쟁력과 상반되는 기업 윤리 점수는 매우 부끄러운 수준입니다.

그러나 우리나라 기업인 중에도 높은 기업 윤리 의식으로 세계에서 인정받는 분이 있습니다. '글로벌 브랜드 휠라를 인수한 한국인'으로 유명한 윤윤수 휠라코리아 회장님입니다. 윤 회장님은 내가 정직하게 돈을 벌어야 직원이

나를 따른다는 신념으로 수십억대의 연봉을 언론에 있는 그대로 공개하기로 유명합니다.

사실 지금의 휠라코리아가 있을 수 있었던 것도 '정직'이라는 그의 경영 철학 덕분이었다고 합니다. 휠라코리아 설립 초기, 우리나라에는 뒷거래 문화가 횡행했고 이를 보다 못한 윤 회장님은 '깨끗한 기업 문화'를 만드는 것을 최우선으로 삼았습니다. 뒷거래 문화를 없애고자 분투하며 협박과 유혹도 당했지만, 결국 '깨끗한 직원에 의한 깨끗한 회사'라는 이미지는 휠라를 우리나라에 안착시키는 데 결정적으로 기여했습니다.

이후 그의 '정직성'은 세계의 휠라인들에게 알려졌고, 이를 바탕으로 휠라 브랜드의 전체 사업을 인수하며 한국 지사가 본사를 인수하는 이례적인 성과를 이루었습니다. 건강한 부, 정당한 부, 깨끗한 부가 존경받는 사회가 이룩되어야 한다는 그의 신념이 세계에도 통했던 것입니다.

사회 곳곳에서 '글로벌global'을 외치며 개인의 능력 강화에 집중했던 것에 반해 글로벌 시대에 갖춰야 할 윤리 의식에 대해서는 별다른 노력이 없었습니다. 그러나 진정한 글로벌 스탠더드는 '정직'입니다. 세계는 부패한 인재가 아니라 정직하고 탁월한 사람과 기업을 원하고 있습니다. 윤윤수 교수님께 국제 무대로 가는 지름길 '정직'을 배워 봅시다.

윤윤수: 평범한 샐러리맨으로 시작한 저의 현재 직함은 휠라 코리아 회장이자 글로벌휠라의 회장입니다. 사람들은 저를 샐러리맨의 신화, 가장 연봉을 많이 받았던 CEO로 기억합니다. 그러면서 현재의 위치까지 오른 비결이 무엇이냐는 질문을 자주 하는데, 그럴 때 저는 주저 없이 그것은 '신뢰의 힘' 때문이라고 대답합니다. 정직으로 쌓아온 신뢰가 없었다면 저는 위기의 순간이 올 때 쓰러졌을 것입니다.

가난하면 정직할 수 없다?

많은 사람이 정직은 부유한 사람만이 지킬 수 있는 사치라고 생각합니다. 당장 돈 없고 환경이 힘들면 정직보다는 융통성을 발휘하는 것이 현명하다고 생각하죠. 사실 젊은 날 저의 삶은 암흑이었어요. 어머니는 제가 태어난 지 100일도 안 되어 장티푸스로 세상을 떠나셨고, 저는 고모의 손에 자랐습니다. 고교 때 폐암으로 아버지를 잃은 것이 한이 되어 의사가 되겠다고 의과대학을 지원했으나 세 번이나 떨어졌죠. 결국 한국외국어대학교 정치외교학과에 들어갔으나 친구의 부탁으로 보여줬던 시험지가 부정행위로 발각되어 1년 정학당했습니다. 도대체 되는 일이 없는 우울한 젊은 날이었어요. 게다가 졸업 후 취직도 쉽지가 않아서 서른 살에 첫 직장을 얻었지요.

한 외국 회사에서 일할 때였습니다. 제품의 품질이 나빠 외국의 소비자들로부터 클레임이 걸렸어요. 본사에서 지시가 내려와 문제점을 찾아내 보고서를 작성하고 있을 때 누군가 아파트 문을 두드렸어요. 나가보니 낯선 사람이 두툼한 신문지 뭉치를 건네주고 가 버렸습니다. 얼떨결에 그 뭉치를 받고 집 안에서 풀어 보니 현금이 잔뜩 들어 있었어요.

당시 저는 상이군인들이 주로 살던 아파트에서 100만 원 짜리 전세를 살고 있었기 때문에 당연히 돈에 욕심이 났습니다. 게다가 당시 영동에 부동산 투기 붐이 불고 있었어요. 본사에 문제가 없다고 보고한 후 직장을 그만둬도 이 돈만 있으면 상관없을 것 같았어요. 그래서 돈을 놓고 고민에 빠졌죠.

이때 흔들리는 저를 바로잡아 준 것은 아내였습니다. 아내는 단호하게 돈을 돌려주라고 충고했어요. 아내가 아니었다면 그때 어떻게 했을지 저도 궁금합니다. 아내의 간곡한 충고를 받아들여 돈을 돌려줬고 이 일로 당장은 회사가 어려워지는 곤란을 겪었지만 "윤윤수는 믿을 만한 사람"이라는 신용을 얻었습니다.

정직하게 정도를 따르다 보면 그 성과가 빨리 찾아오지 않을지는 모르지만, 부정함에 기인한 위기에 부딪쳐 한순간에 모든 것을 날려버리는 위험은 막을 수 있습니다. 기회는 준비된 자에게 온다는 사실을 명심해야 합니다.

정직하면 당당해진다

휠라코리아 한국 법인 창립 첫해에 매출 신장률 274퍼센트를 올린 데 이어 해마다 평균 80.8퍼센트의 성장률을 기록했습니다. 당시 휠라 본사 엔리코 프레시 회장이 "전 세계 휠라인이여, 휠라코리아를 본받으라."라고 말할 정도였죠. 이렇게 회사가 성장할 수 있었던 것은 바로 '투명한 경영'을 실천했기 때문입니다.

예전에 미국의 세계적인 컨설팅 전문 회사인 프라이스워터하우스쿠퍼스PwC가 35개국을 대상으로 경제와 경영, 법률 및 윤리 불투명성을 평가한 '세계 경제 불투명성 지수'에 따르면, 우리나라는 불투명 지수 73으로 5위의 불명예를 차지했습니다.

제가 사장 취임 이후 맨 처음 했던 일은 직원들의 뒷거래를 막는 일이었어요. 협력 업체 대리점 등의 향응을 당연한 것으로 여기던 직원들을 전체 인원의 절반 가까이 잘라 냈습니다. 대리점 하나만 열면 매달 수천만 원의 수익

정직 하나로 재벌이 된 샐러리맨

이 보장된다는 소문이 퍼지자 곳곳에서 청탁이 몰렸지만 단호하게 잘랐어요. 대리점과 본사를 연결하는 전산망에 과감히 투자해 재고를 줄이고 분기별 경영 실적을 직원들에게 공개했습니다. 말 그대로 투명하게 모든 것을 보여주면서 경영했고, 성과는 인센티브 보너스로 협력 업체와 직원들에게 돌려주었습니다.

정직하게 일을 시작하면 어디를 가든 당당해집니다. 정직하니까 투명해지고 투명해지면 숨길 것이 없기 때문입니다. 이러한 당당함이 전 직원에게 신뢰를 형성하고 팀워크를 발휘하게 합니다.

정직은 더 큰 형통을 불러온다

사실 휠라 본사를 인수하는 것은 4억 5000만 달러 이상의 막대한 자금이 필요한 작업이었습니다. 처음에 그것은 거의 불가능해 보였어요. 그러나 많은 국내 은행과 증권사는 그동안 제가 기업을 하면서 쌓아온 신뢰를 담보로 많은 투자와 장기 대출을 열어 주었습니다.

또 그 과정에서 전 세계 라이선스 계약자들에게서 로열티 선지급에 대한 약정서를 받아 금융 회사들에 제출해야 했는데, 놀랍게도 유럽·남미·중국·일본 등 각 지역 라이선스 파트너들이 순순히 약정서에 사인해 주었고 그들의 로열티 선금은 저의 본사 인수 작업에 결정적인 힘으로 작용했습니다. 이렇듯 거의 맨주먹으로 시작하다시피 한 제가 휠라 본사까지 인수할 수 있었던 것은, 다시 말하지만 정직이 신뢰를 만들었기 때문입니다.

날로 커지는 힘

또 하나 덧붙이자면 이러한 정직의 힘은 앞으로 날이 갈수록 더욱 커진다는 것입니다. 인터넷 등 정보 통신의 발달과 교통수단의 발달로 이러한 신뢰의 중요성이 공간적으로 무한히 확대되었어요. 현대 사회는 모든 정보가 실시간으로 공유되는 글로벌 사회입니다. 그렇기에 개인이든 기업이든 국가든, 신뢰에 대한 정보의 파급 효과는 상상할 수 없을 만큼 빠르고 광범위해졌습니다. 그만큼 현대 사회에서 신뢰를 쌓고 관리하는 일이 어느 때보다도 중요한 일이 되었습니다. 이렇듯 중요한 '신뢰'의 기본 바탕이 바로 '정직'입니다. 정직해야만 신뢰가 쌓인다는 것은 따로 설명하지 않아도 되겠지요.

노력해서 벌지 않은 돈은 돈이 아니라고 생각합니다. 사실 그런 돈은 금방 없어져요. 정직하지 않으면 신뢰가 형성되지 않는다는 것은 참 간단한 진리입니다. 그런데 실제로 실천하기는 무척 어려워요. 빠르고 쉽게 성공하고 싶어 부정한 방법을 사용하면, 언젠가 위기가 오고 모두 무너집니다. 제가 사회생활을 하면서 얻은 진리입니다.

에필로그

함께 꿈꾸면 이뤄지는 일

"사람 살리는 일을 하고 싶다."

최전방 군 생활 때 북한을 바라보며 가졌던 꿈입니다. 그리고 그 꿈의 결과가 바로 이 책입니다.

이 책은 많은 사람의 수고가 들어간 책입니다. 특히 교수님들의 열정과 나눔이 없었다면 이 책은 특별해지지 못했을 것입니다. 우유곽 모든 교수님께 감사드리며 아래 분들께 지면으로 감사한 마음을 전합니다.

꿈꾸는 법을 가르쳐주신 한동대학교 김영길 총장님과 교수님, 김영애 사모님, 젊은 장교의 꿈을 격려해주시며 추천서를 써주신 한민구 (전)국방부장관님, 제 군 생활의 부모님인 이영노 중령님과 김영추 사모님.

진심으로 감사드립니다. 여러분이 계셨기에 제가 꿈을 가지고 실현할 수 있었습니다.

그리고 글을 도와준 서아현과 성연태, 책을 기획하는 동안 큰 격려가 된 MoHim 멤버 김영균, 성용주, 서기원, 서명호, 이주철, 박상현, 윤기열.

고맙습니다. 무엇보다 함께 꿈을 꾸어 준 것이 큰 힘이 됐습니다.

우유곽 대학이라는 낯선 콘셉트를 지지해 준 21세기북스 출판사에도 진심으로 감사드립니다. 양으녕 팀장님과 서진교 PM님. 꿈꾸는 독자에게 도움이 되는 책을 만들고자 하는 전문성과 진심 덕분에 개정판 작업이 더욱 의미 있었습니다. 지금은 휴먼큐브를 창업한 황상욱 대표님. 첫 만남에 우유곽 편지를 보시고 이 책을 통해 꼭 한국 청년

독자들의 가슴을 뛰게 하자고 한 말씀이 여기까지 오게 했습니다.

마지막으로 저를 꿈꾸는 사람으로 키워 주신 부모님과 사랑하는 부부 영우와 민영, 그리고 나의 소중한 혜원과 긍정, 이 모든 것을 연결해 주신 하나님께 감사드립니다.

선한 영향력을 전하는 여러분이 되길 바라며
최영환 드림

KI신서 11012

우유곽 대학을 빌려 드립니다(개정판)

당신의 열정을 깨울 세상에서 가장 작은 대학교

1판 1쇄 발행 2010년 10월 8일
2판 1쇄 인쇄 2023년 6월 21일
2판 1쇄 발행 2023년 7월 5일

지은이 최영환
펴낸이 김영곤
펴낸곳 (주)북이십일 21세기북스

콘텐츠개발본부 이사 정지은
인문기획팀장 양으녕 **책임편집** 서진교
디자인 studio forb
출판마케팅영업본부장 민안기
마케팅1팀 배상현 한경화 김신우 강효원
출판영업팀 최명열 김다운 김도연
e-커머스팀 장철용 권채영
제작팀 이영민 권경민

출판등록 2000년 5월 6일 제406-2003-061호
주소 (10881) 경기도 파주시 회동길 201(문발동)
대표전화 031-955-2100 **팩스** 031-955-2151 **이메일** book21@book21.co.kr

© 최영환, 2023
ISBN 978-89-509-5741-4 03320

(주)북이십일 경계를 허무는 콘텐츠 리더

21세기북스 채널에서 도서 정보와 다양한 영상자료, 이벤트를 만나세요!
페이스북 facebook.com/jiinpill21 **포스트** post.naver.com/21c_editors
인스타그램 instagram.com/jiinpill21 **홈페이지** www.book21.com
유튜브 youtube.com/book21pub

서울대 가지 않아도 들을 수 있는 **명강**의! 〈서가명강〉
서가명강에서는 〈서가명강〉과 〈인생명강〉을 함께 만날 수 있습니다.
유튜브, 네이버, 팟캐스트에서 '**서가명강**'을 검색해 보세요!